Kinderlexikon
Erde

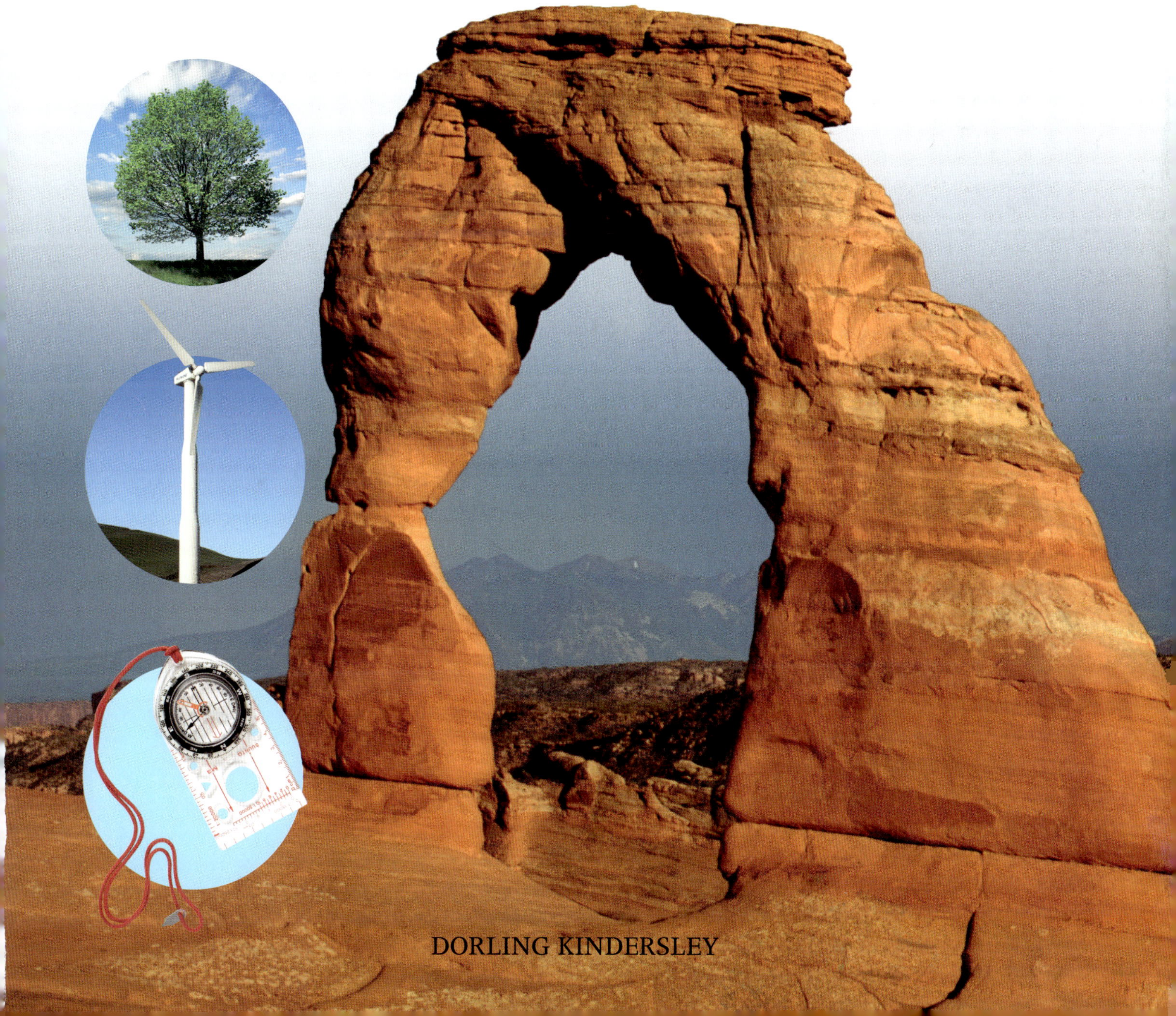

DORLING KINDERSLEY

DORLING KINDERSLEY
London, New York, Melbourne, München und Delhi

Programmleitung Mary Ling
Projektleitung Bridget Giles
Text und Lektorat Wendy Horobin, Caroline Stamps
Lektorat Caroline Stamps
Gestaltung Gemma Fletcher, Tory Gordon-Harris, Karen Hood,
Clare Marshall, Lauren Rosier, Mary Sandberg
Art Director Martin Wilson
Bildrecherche Harriet Mills
Herstellung Sean Daly, Claire Pearson
Umschlaggestaltung Gemma Fletcher, Matilda Gollon
Fachliche Beratung Clive Carpenter

Für die deutsche Ausgabe:
Programmleitung Monika Schlitzer
Projektbetreuung Janna Heimberg
Herstellungsleitung Dorothee Whittaker
Herstellung Kim Weghorn

Bibliografische Information der Deutschen Bibliothek
Die Deutsche Bibliothek verzeichnet diese Publikation in der
Deutschen Nationalbibliografie; detaillierte bibliografische Daten
sind im Internet über http://dnb.ddb.de abrufbar.

Titel der englischen Originalausgabe:
First Geography Encyclopedia

© Dorling Kindersley Limited, London, 2010
Ein Unternehmen der Penguin-Gruppe

© der deutschsprachigen Ausgabe by
Dorling Kindersley Verlag GmbH, München, 2012
Alle deutschsprachigen Rechte vorbehalten

Übersetzung Reinhard Ferstl
Lektorat Barbara Kiesewetter

ISBN 978-3-8310-2010-2

Colour reproduction by MDP, UK
Printed and bound in China by Toppan

Besuchen Sie uns im Internet
www.dorlingkindersley.de

Inhalt

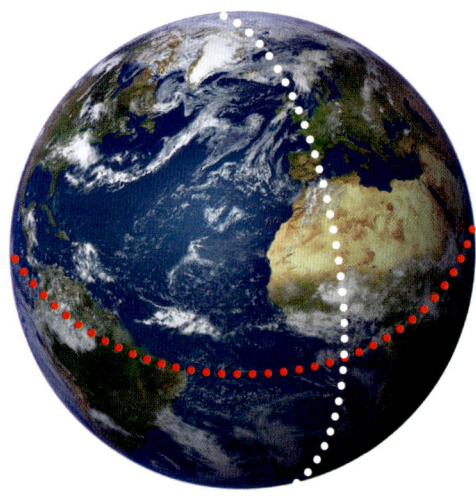

Einleitung

Der Planet Erde

Auf jeder Seite steht hier unten eine Frage …

Wegweiser durch das Buch

Auf den Seiten dieses Buchs findest du einige besondere Elemente. Sieh genau hin und du erfährst viel Interessantes und Spannendes!

Foto-Quiz Schau dir die Bilder genau an – wo findest du die Ausschnitte wieder?

Mehr wissen verweist auf weitere Seiten zu einem interessanten Thema.

Farbige Balken auf jeder Seite zeigen an, zu welchem Kapitel sie gehören.

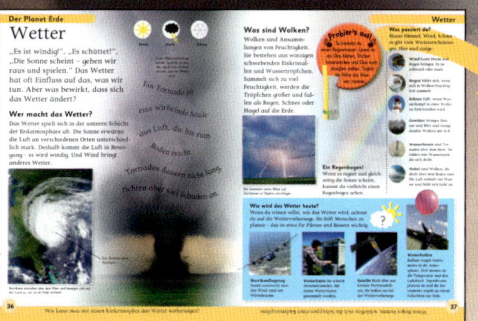

Probier's aus! Hier bekommst du Tipps, wie du manches selbst ausprobieren kannst.

Was ist Geografie?

Geografie ist die Wissenschaft von der Erde und ihren Menschen. Deshalb wird sie auch Erdkunde genannt. In ihr geht es um unsere Welt und darum, wie die Menschen sie beeinflussen.

Erdoberfläche oder Menschen?

Die Geografie wird in die physische Geografie und die Humangeografie unterteilt. Beide sind sehr umfangreich und umfassen viele Themen.

Wirbelstürme entstehen über dem Meer. Sie können an der Küste schwere Schäden anrichten.

Arktis

Europa

Nordamerika

Asien

Atlantischer Ozean

Afrika

Pazifischer Ozean

Pazifischer Ozean

Südamerika

Indischer Ozean

Australien

Antarktis

Physische Geografie

Sie befasst sich mit den natürlichen Kräften, die unseren Planeten und seine Landschaften formen – angefangen von Vulkanen und Erdbeben bis hin zu Wind und Regen.

In Australien wüten zu manchen Jahreszeiten schwere Buschbrände.

Wie wirkt sich das, was der Mensch tut, auf die Erde aus?

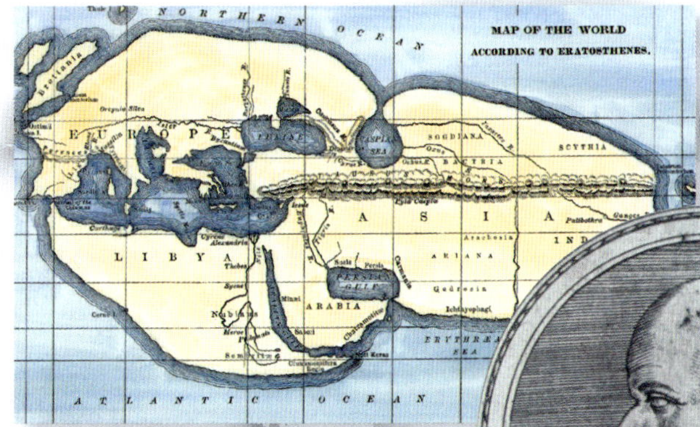

Eratosthenes zeichnete seine Karte von der Erde vor über 2000 Jahren.

Eratosthenes

Alexander von Humboldt (1769–1859)

Der „Vater" der Geografie

Eratosthenes (276–194 v. Chr.) verwendete für das Studium der Erde als Erster das Wort „Geografie". Es kommt aus dem Altgriechischen und setzt sich zusammen aus *geo* für „Erde" und *grapho* für „schreiben".

Der Gründer der modernen Geografie

Der deutsche Wissenschaftler Alexander von Humboldt bereiste Europa und die Neue Welt. Er schrieb alles auf, was ihm auf seinen Reisen auffiel. Seine Erkenntnisse veröffentlichte er in vielen Büchern.

Viel Arbeit

Viele Menschen beschäftigen sich mit Geografie. Kennst du einige von ihnen?

 **Kartografen** fertigen viele Arten von Landkarten an.

 **Stadtplaner** entwerfen neue Städte oder Stadtteile.

 **Ökologen** beschäftigen sich mit der Natur, was oft mit Geografie zu tun hat.

 **Geologen** befassen sich mit den Steinen und Mineralien um uns herum.

 **Vulkanologen** beobachten Vulkane und versuchen, Ausbrüche vorherzusagen.

Humangeografie

Auch menschliche Aktivitäten gehören zur Geografie: Unsere Bauwerke, unsere Landwirtschaft, unsere Arbeit, unsere Reisen, ja sogar das, was wir essen – all das beeinflusst unseren Planeten.

Schafherde in den Niederlanden

Baustelle in Hongkong mit Hochhäusern im Hintergrund

Er verbraucht mit allem, was er tut, Land – ob er Häuser baut oder Felder anlegt.

Unser Planet

Schau dich einmal um, wenn du das nächste Mal spazieren gehst. Gibt es Berge dort, wo du wohnst? Lebst du an einem Fluss? Hast du bemerkt, dass der Fluss sich durch die Landschaft schlängelt? Das alles ist physische Geografie.

Physisch?

Die physische Geografie beschreibt die Erde: ihre Form, ihre Berge und Schluchten, ihre Hügel und Täler.

Berge und Seen locken Urlauber an.

Der österreichische Grundlsee besteht aus geschmolzenem Schnee und Wasser, das aus Bergbächen ins Tal fließt.

6

Auf welchem Kontinent liegt Österreich (das Land, in dem der See auf dem Bild liegt)?

Ursache und Wirkung

Die Geografie einer Gegend, also die natürliche Umgebung, wirkt sich auf die Menschen dort aus.

 **Wüsten** Menschen können sogar in Wüsten leben. Aber das ist nicht einfach.

 **Regenwälder** beherbergen viele Pflanzen und Tiere, die heute gefährdet sind.

 **Höhlen** Früher lebten Menschen in Höhlen. Heute tun dies nur noch wenige.

 **Inseln** Auf der ganzen Welt gibt es viele Tausend Inseln.

 **Flüsse** sind die Lebensadern eines Lands. Viele Städte liegen an Flüssen.

 **Feuchtgebiete** Feuchte Böden sind ein natürlicher Wasserfilter.

Der See ist von Bergen umgeben. An dieser Stelle gab es früher einen Gletscher.

Auf den unteren Gebirgshängen wachsen Bergwälder.

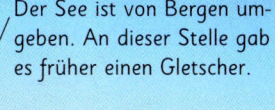

Foto-Quiz

Finde im Kapitel „Der Planet Erde" die Bilder, aus denen diese Ausschnitte stammen.

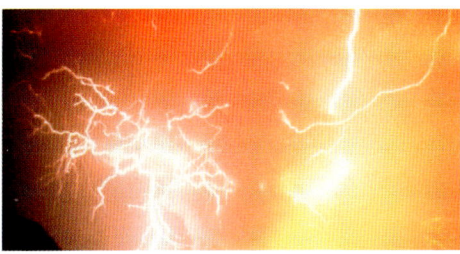

Mehr wissen …

über Berge, Seite **20–21**
über Wasser, Seite **28–29**

In Europa.

Blick in Erde

Die Erde ist unsere Heimat. Aber wie viel weißt du über den blauen und grünen Planeten, auf dem du lebst? Der Boden unter deinen Füßen ist nicht so fest, wie du denkst. Denn die äußere Schale der Erde, Erdkruste genannt, ist nur dünn und besteht aus Platten.

Dicke der kontinentalen Kruste
30–50 Kilometer

Dicke der ozeanischen Kruste
5–10 Kilometer

Ein dickes Ding!

Wir leben mit unzähligen Pflanzen und Tieren auf der Erdkruste. Diese Kruste ist unterschiedlich dick: Unter den Ozeanen ist sie dünner als unter dem Festland.

Bis zum Mittelpunkt der Erde sind es ungefähr 6400 Kilometer.

Schichten

Die Erde besteht aus vier Hauptschichten: aus der Kruste, dem Mantel, dem äußeren Erdkern und dem inneren Erdkern. Der innere Erdkern ist vermutlich eine feste Masse aus Eisen und Nickel. Eisen ist auch das häufigste Metall der Erdkruste. Es wird vom Menschen abgebaut, weil man Stahl daraus herstellen kann.

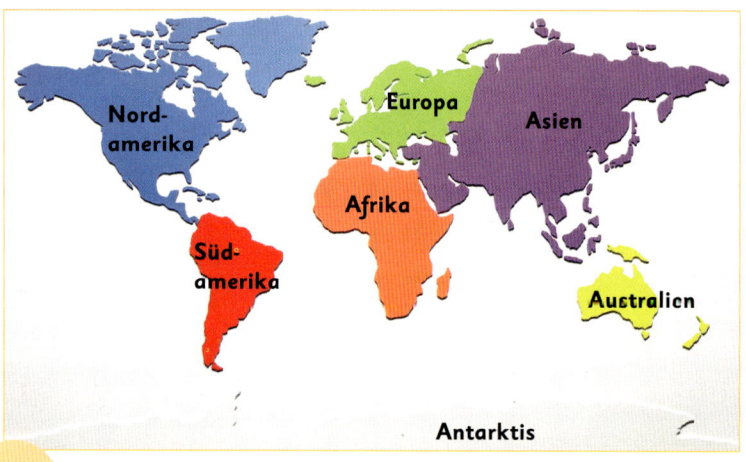

Nordamerika

Europa

Asien

Afrika

Südamerika

Australien

Antarktis

Was wir sehen

Wenn du dir eine Weltkarte ansiehst, erkennst du große Landflächen. Das sind die Kontinente. Es gibt sieben Kontinente: Afrika, Asien, Nordamerika, Südamerika, Europa, Australien (auch Ozeanien genannt) und die Antarktis.

Wie alt ist die Erde?

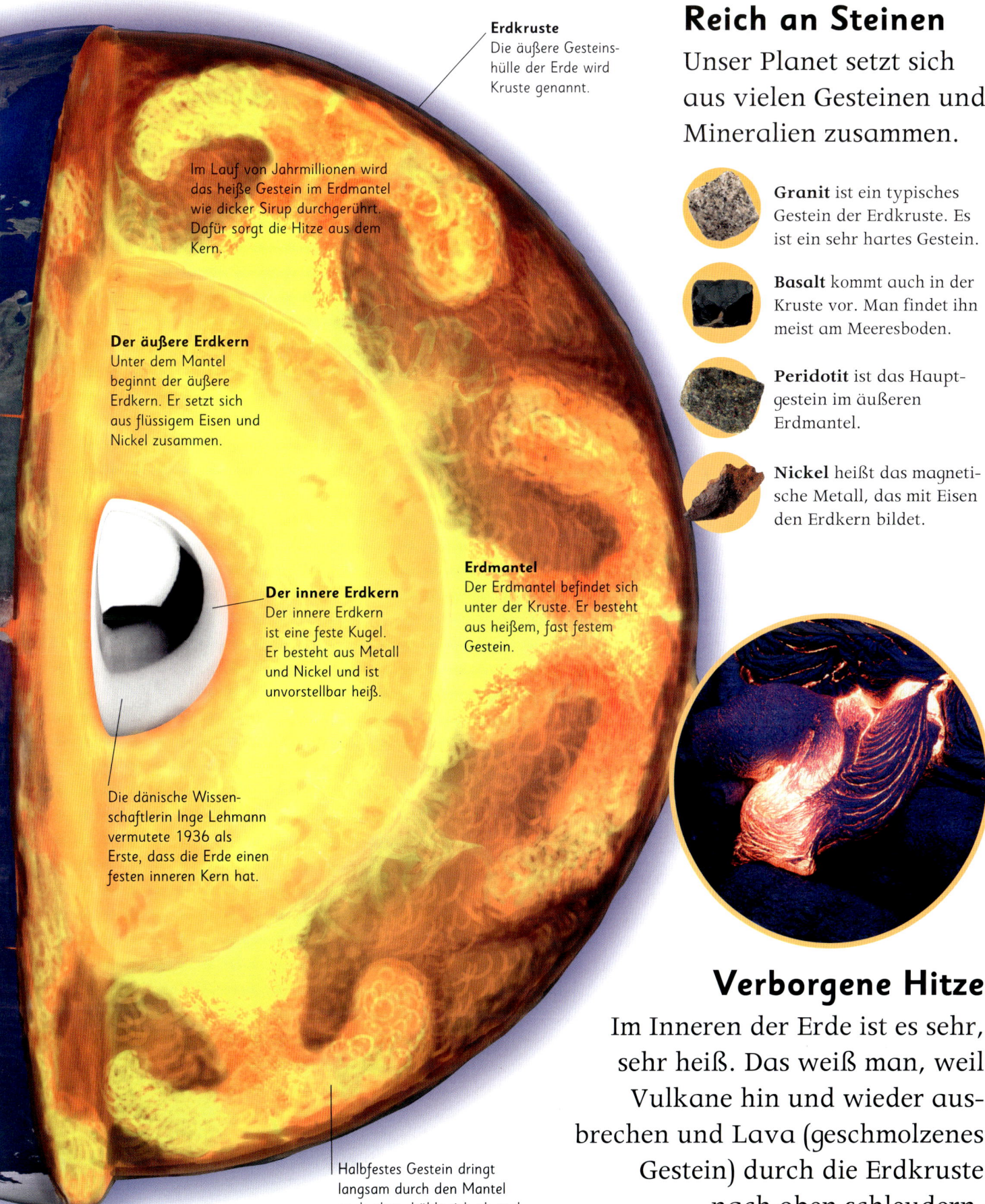

Erdkruste
Die äußere Gesteins-
hülle der Erde wird
Kruste genannt.

Im Lauf von Jahrmillionen wird
das heiße Gestein im Erdmantel
wie dicker Sirup durchgerührt.
Dafür sorgt die Hitze aus dem
Kern.

Der äußere Erdkern
Unter dem Mantel
beginnt der äußere
Erdkern. Er setzt sich
aus flüssigem Eisen und
Nickel zusammen.

Der innere Erdkern
Der innere Erdkern
ist eine feste Kugel.
Er besteht aus Metall
und Nickel und ist
unvorstellbar heiß.

Erdmantel
Der Erdmantel befindet sich
unter der Kruste. Er besteht
aus heißem, fast festem
Gestein.

Die dänische Wissen-
schaftlerin Inge Lehmann
vermutete 1936 als
Erste, dass die Erde einen
festen inneren Kern hat.

Halbfestes Gestein dringt
langsam durch den Mantel
nach oben, kühlt sich ab und
sinkt wieder nach unten, wo
es erneut erhitzt wird.

In Bewegung

Hast du schon gemerkt, dass die Westküste Afrikas und die Ost- küste von Südamerika richtig gut ineinander passen? Früher ge- hörten sie tatsächlich zusam- men! Vor 200 Millionen Jahren waren sie ein einziger riesiger Superkontinent, Pangäa.

Gibt es Beweise dafür?

Pflanzen- und Tierfossilien beweisen, dass Wegener recht hatte. Wie? Durch den *Mesosaurus,* ein Reptil, das vor 280 Millionen Jahren lebte. Man fand Reste von ihm an der afrikanischen und südamerikani- schen Atlantikküste. Das zeigte, dass die bei- den Kontinente einst verbun- den waren.

Fossil eines Mesosaurus

Kontinente in Bewegung

Alfred Wegener behauptete 1915, dass die Kontinente wan- dern. Er war überzeugt, dass die Landmassen einst zusammen- gehört hatten und dann ausein- andergedriftet waren.

Vor 270 Millionen Jahren lag der Superkontinent Pangäa ganz allein in einem riesigen Ozean.

Vor 200 Millionen Jahren bildeten sich allmählich die heutigen Kontinente. Aber Nordamerika und Europa waren noch verbunden.

Heute sieht die Erde mit ihren fünf Ozeanen so aus.

Wissenschaftler nennen die

Da bewegt sich doch was!

Der Boden unter unseren Füßen ist immer in Bewegung. Die Erdkruste setzt sich nämlich aus riesigen Platten zusammen, die aneinanderstoßen und sich reiben.

Wie viele große Platten gibt es?

Rutschpartie

Die Erdplatten sind in Bewegung, weil sie auf dem Erdmantel unter der Kruste schwimmen. Dadurch verändern die Kontinente ihre Lage. Sie bewegen sich jedes Jahr zwischen 1 und 10 Zentimeter.

Interessant!

Wenn sich die Erdplatten voneinander fortbewegen, wird das Land darüber immer größer. Island wächst dadurch ständig – wenn auch nur etwas mehr als 2 Zentimeter im Jahr!

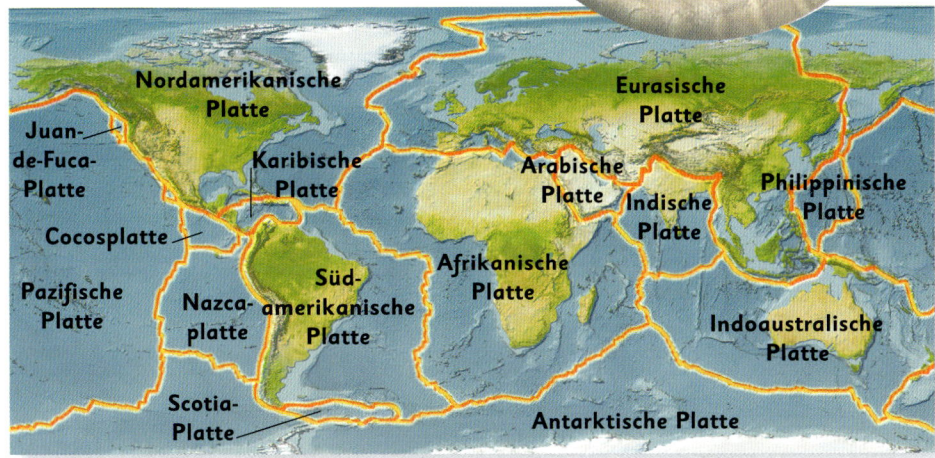

Die Kontinente liegen auf riesigen Scheiben, die man tektonische Platten nennt.

Wir wissen noch nicht lange, dass es tektonische Platten gibt. Die erste Karte mit diesen Platten erschien um 1960.

Die Platten bewegen sich langsam – aber die ganze Zeit.

Wie bewegen sich die Platten?

Es gibt drei Arten von Platten. Sie bewegen sich unterschiedlich:

Zusammenstoßende (konvergente) Platten bewegen sich aufeinander zu. Sie können Bergketten bilden.

Auseinandertreibende (divergente) Platten entfernen sich voneinander. Die Landfläche wird größer.

Plattengrenzen reiben aneinander. Wenn sie plötzlich rutschen, gibt es ein Erdbeben.

Am Rand

An den Stellen, an denen Platten aufeinandertreffen, gibt es Gebirge, Erdbeben, Vulkanzonen und Tiefseegräben.

Bewegung der Erdplatten „Tektonik".

Der Mount St. Helens brach 1980 aus.

Der Mount St. Helens ist ein aktiver Vulkan im US-Bundesstaat Washington.

11

Es gibt sieben große und ungefähr zwölf kleine Erdplatten.

Exosphäre

690–10 000 Kilometer

Die **Exosphäre** ist sehr kalt, weil die Sonnenhitze in das All entweicht.

Thermosphäre

85–690 Kilometer

In der Thermosphäre ist es am heißesten, weil die Atmosphäre von der Sonne aufgeheizt wird.

Mesosphäre

50–85 Kilometer

Die **Mesosphäre** ist der kälteste Teil der Erdatmosphäre.

Stratosphäre

20–50 Kilometer

In der **Stratosphäre** wird es wieder wärmer, denn die Hitze wird von der Ozonschicht eingefangen.

Troposphäre

0–20 Kilometer

Die **Troposphäre** wird immer kälter, je weiter man sich von der Erde wegbewegt.

Die Atmosphäre

Die Erde ist von einer dünnen Hülle aus Gasen umgeben. Sie schützt uns vor zu viel Sonne und macht Leben auf unserem Planeten überhaupt erst möglich.

Schicht um Schicht

Die Atmosphäre setzt sich aus mehreren Schichten zusammen, nämlich aus der Troposphäre, der Stratosphäre, der Mesosphäre, der Thermosphäre und der Exosphäre. In ihnen ist es unterschiedlich heiß.

Die meisten Experten sind sich einig:

Gar nicht so dick

Unsere Atmosphäre ist dünner, als du meinst. Könnte man mit dem Auto nach oben fahren, wäre man schon nach 10 Minuten am Ende der Troposphäre, der Schicht, in der sich alle Lebewesen befinden.

Luft zum Atmen

Der Sauerstoff in unserer Atmosphäre wird von Pflanzen produziert. Deshalb sind Pflanzen so wichtig für unser Überleben: Ohne sie würde uns der Sauerstoff ausgehen.

Die Blätter einer Pflanze geben Sauerstoff in die Luft ab.

Was sind die obersten Schichten der Atmosphäre?

Und wenn es keine Atmosphäre gäbe?

Die Atmosphäre fängt einen Teil der Sonnenwärme ein, die Tiere und Pflanzen zum Leben brauchen. Gäbe es keine Atmosphäre, würden die Sonnenstrahlen von der Erde abprallen und im All verschwinden.

Dünne Luft

Die Schwerkraft der Erde hält die Atmosphäre fest. Ein Großteil der Luft und die meiste Feuchtigkeit auf der Erde sind in der Troposphäre enthalten. Je höher man kommt, desto knapper wird der Sauerstoff.

Die Atmosphäre hält uns warm. Sie verhindert, dass die Sonnenhitze im All verschwindet.

Ein bisschen Wärme entkommt.

Atmosphäre

Sonnen- wärme

Wärme kehrt zur Erde zurück.

Bergsteiger brauchen Sauer- stofffflaschen zum Atmen.

Der Weltraum beginnt in 100 km Höhe.

Sonnenschutz

In der Atmosphäre gibt es ein Gas, das uns vor schädlichen Strahlen schützt: das Ozon. Doch über der Antarktis haben schädliche Gase ein Loch in die Ozonschicht gefressen.

Schutz vor Beschuss

Unsere Atmosphäre schützt die Erde vor Steinbrocken, die durch das All fliegen – den Meteoren. Die Oberfläche des Monds hat viele Krater, weil ihm eine Atmosphäre fehlt. Auf dem Weg durch die Atmosphäre verglühen die meisten Meteore.

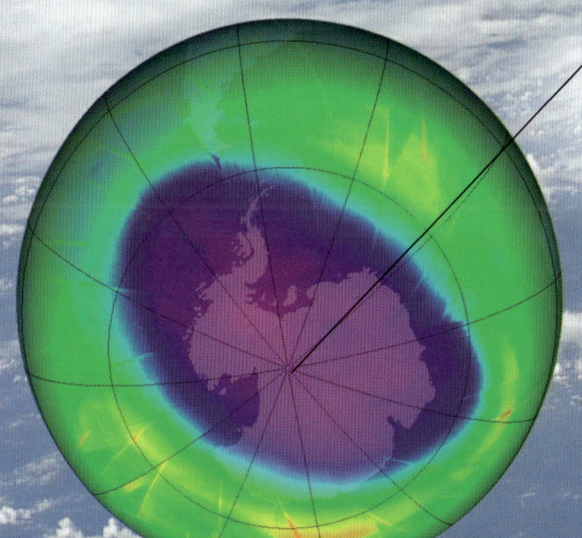

Das Ozonloch ist der dünnste Teil der Ozon- schicht in der Strato- sphäre. Hier dringen mehr schädliche Son- nenstrahlen durch.

Meteore zerbrechen in der Mesosphäre. Einige große Brocken aber schaffen es bis zur Erde und schlagen Krater.

Planet aus Stein

Unsere Erde ist eine Kugel aus geschmolzenem und festem Gestein. In Bergen und an Flüssen kann man die Felsen sehen. Menschen, die sich mit Gestein beschäftigen, heißen Geologen.

Ändert sich Gestein nie?

Doch! Wind, Regen, Eis und Schnee lassen Felsen verwittern. Man sagt, sie erodieren. Es gibt einen Kreislauf, bei dem unterschiedliche Arten von Gestein im Lauf von Millionen Jahren ständig umgewandelt werden.

Der Kreislauf

Drei Hauptarten von Gesteinen befinden sich in einem ständigen, aber sehr langsamen Kreislauf.

Magmatisches Gestein entsteht, wenn geschmolzenes Gestein (Magma) abkühlt.

wird zu

wird zu

wird zu

wird zu

wird zu

Metamorphes Gestein wird tief unter der Oberfläche erhitzt und zusammengepresst.

Sedimentgestein besteht aus Lagen Sand, Schlamm oder Resten von Meereslebewesen.

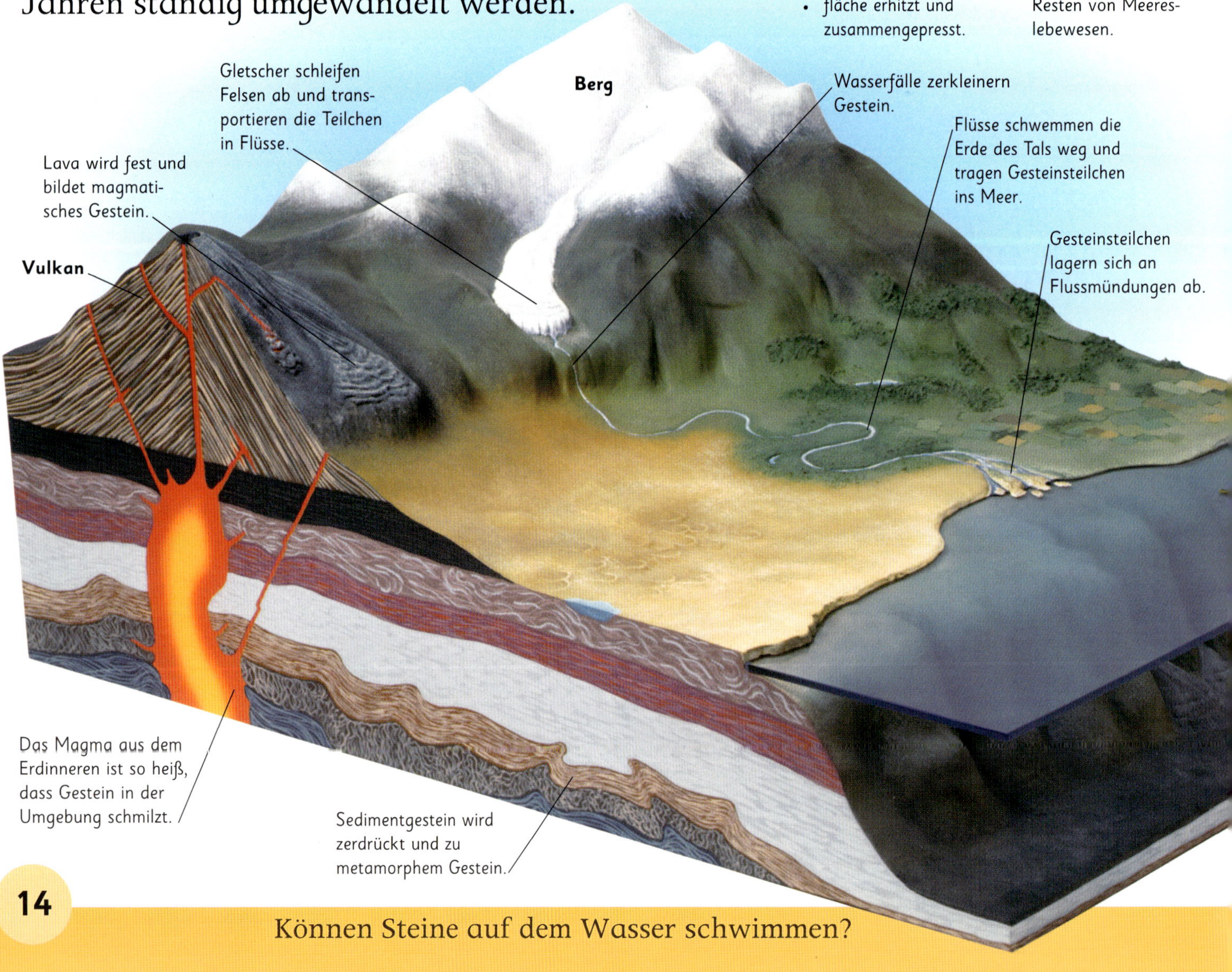

Gletscher schleifen Felsen ab und transportieren die Teilchen in Flüsse.

Berg

Wasserfälle zerkleinern Gestein.

Flüsse schwemmen die Erde des Tals weg und tragen Gesteinsteilchen ins Meer.

Lava wird fest und bildet magmatisches Gestein.

Gesteinsteilchen lagern sich an Flussmündungen ab.

Vulkan

Das Magma aus dem Erdinneren ist so heiß, dass Gestein in der Umgebung schmilzt.

Sedimentgestein wird zerdrückt und zu metamorphem Gestein.

Können Steine auf dem Wasser schwimmen?

Mineralien

Gestein besteht aus Mineralien. Die meisten Gesteine sind eine Mischung aus mehreren Mineralien. Daher haben Gesteine so viele Farben. Gold und Silber sind ebenso Mineralien wie Diamanten.

Feldspat (rosa und weiß)

Glimmer (schwarz)

Quarz (grau)

Quarz-kristalle + **Feldspat-kristalle** + **Glimmer-kristalle** = **Granit (eine Gesteinsart)**

Dieses Fossil in Spiralform ist der Unterkiefer eines urzeitlichen *Helicoprion*-Fischs.

Dieses Fossil wurde in Kreidegestein entdeckt.

Reptilien-fossil

An dieser Felswand kann man die Sedimentschichten deutlich erkennen.

Fossilienfunde

Gestein war nicht immer so fest. Das beweisen Fossilien, die in ihm enthalten sind. Es handelt sich um die Abdrücke uralter Pflanzen und Tiere. Als sie starben, fielen sie in Sümpfe und Schlamm. Dort versteinerten sie.

Leichtere Gesteinsteilchen sammeln sich auf dem Meeresgrund und bilden Sedimentschichten.

Sedimentschichten werden zu Sedimentgestein zusammengepresst.

Gut genutzt!

Gestein und Mineralien werden im Bergbau aus der Erde geholt. Aus ihnen stellt man vieles her, von Baumaterialien über Computer bis zu Schmuck.

Bimsstein ist ein magmatisches Vulkangestein, das auf Wasser schwimmt.

Vulkane

Ein ausbrechender Vulkan kann die ganze Landschaft um sich herum verändern. Fließende Lava ist gefährlich – aber wusstest du, dass ein Vulkan sogar das Wetter beeinflussen kann?

Was ist ein Vulkan?

Ein Vulkan ist ein Loch in der Erdkruste. Die meisten Vulkane gibt es dort, wo tektonische Platten aufeinandertreffen.

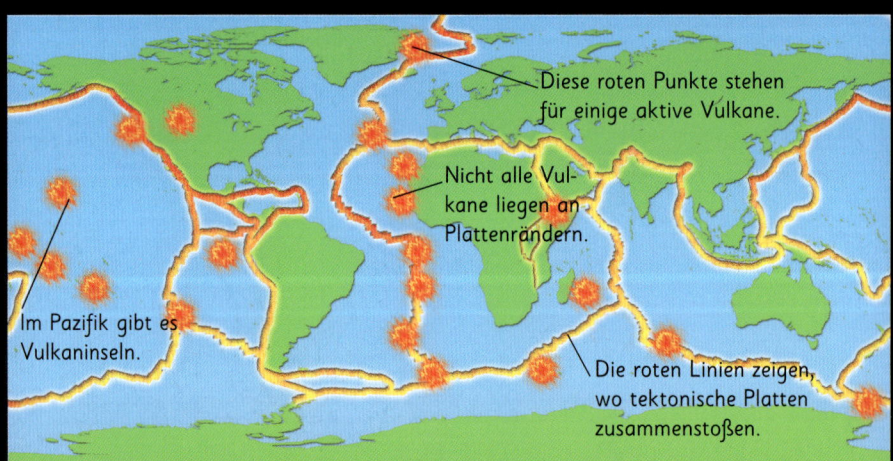

Diese roten Punkte stehen für einige aktive Vulkane.

Nicht alle Vulkane liegen an Plattenrändern.

Im Pazifik gibt es Vulkaninseln.

Die roten Linien zeigen, wo tektonische Platten zusammenstoßen.

Glühender Fluss

Lava verursacht schreckliche Zerstörungen. Wenn sich die Platten unter der Erdoberfläche verschieben, kann dies Erdbeben auslösen.

Warum brechen Vulkane aus?

Das geschmolzene Gestein unter Vulkanen kann sehr viel Druck aufbauen. Wird der Druck zu groß, gibt es eine Explosion, bei der Magma austritt.

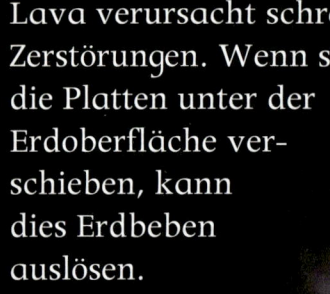

Ein Lavastrom setzt alles in Brand, was ihm im Weg ist.

Wie heißt geschmolzenes Gestein (Magma), wenn es aus einem Vulkan austritt?

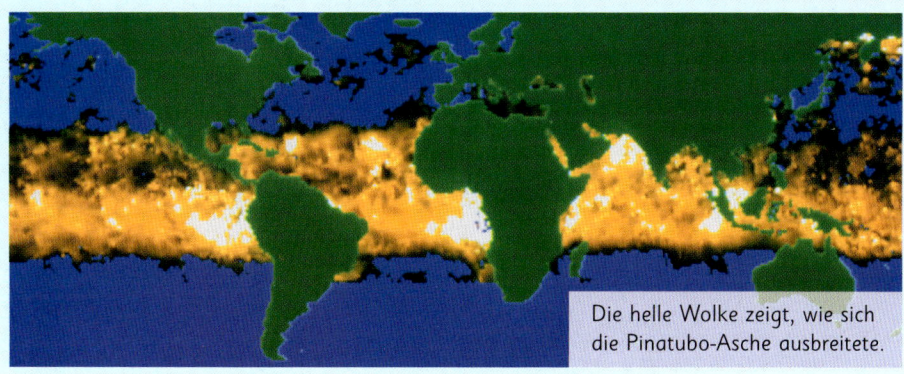

Die helle Wolke zeigt, wie sich die Pinatubo-Asche ausbreitete.

Nicht alles gleich!

Ein Vulkan spuckt drei Arten von Lava aus.

Brockenlava (Aa-Lava) fließt langsam und bildet scharfe Kanten.

Pahoehoe-Lava fließt schnell. Sie erkaltet zu glattem, strickartigem Fels.

Kissenlava bildet große Klumpen. Sie entsteht meistens unter Wasser.

Kann ein Vulkan das Wetter verändern?

Staub und Asche können nach dem Ausbruch noch tagelang in die Atmosphäre gelangen. Sie halten das Sonnenlicht ab und verändern dadurch das Wetter. Nach dem Ausbruch des Pinatubo 1991 sank die Temperatur weltweit um 0,5 °C. Ist die Aschewolke zu dicht, dürfen Flugzeuge nicht mehr fliegen.

Zu heiß zum Betreten?

Lava wird nach 15 Minuten so hart, dass man darauf gehen kann. Sie bleibt aber noch Stunden und sogar Tage heiß, je nachdem, wie dick die Lavaschicht ist.

Bei Ausbrüchen sieht man oft Blitze. Sie entstehen, wenn Lavateilchen in der Asche so sehr aneinander reiben, dass sie sich elektrisch aufladen.

Auf diesem erloschenen Vulkan in Madagaskar wurden Felder angelegt.

Neuer Wuchs

Ein Vulkan verursacht zwar viele Zerstörungen, seine Asche ist aber ein guter Dünger. Wenn Pflanzen nach einem Ausbruch frisch austreiben, wachsen sie daher schneller.

Man nennt es Lava.

Erdbeben

Heute hat es schon mehrere Erdbeben gegeben. Sie passieren jeden Tag. Die meisten sind schwach oder so weit von Städten entfernt, dass nur Spezialinstrumente sie messen können. Einige aber haben schlimme Folgen.

Seismografen zeigen an, wie stark ein Erdbeben ist.

Messinstrument

Erdbeben werden von Seismografen aufgezeichnet. Dabei fährt ein Stift hin und her. Je weiter er ausschlägt, desto stärker ist das Erdbeben.

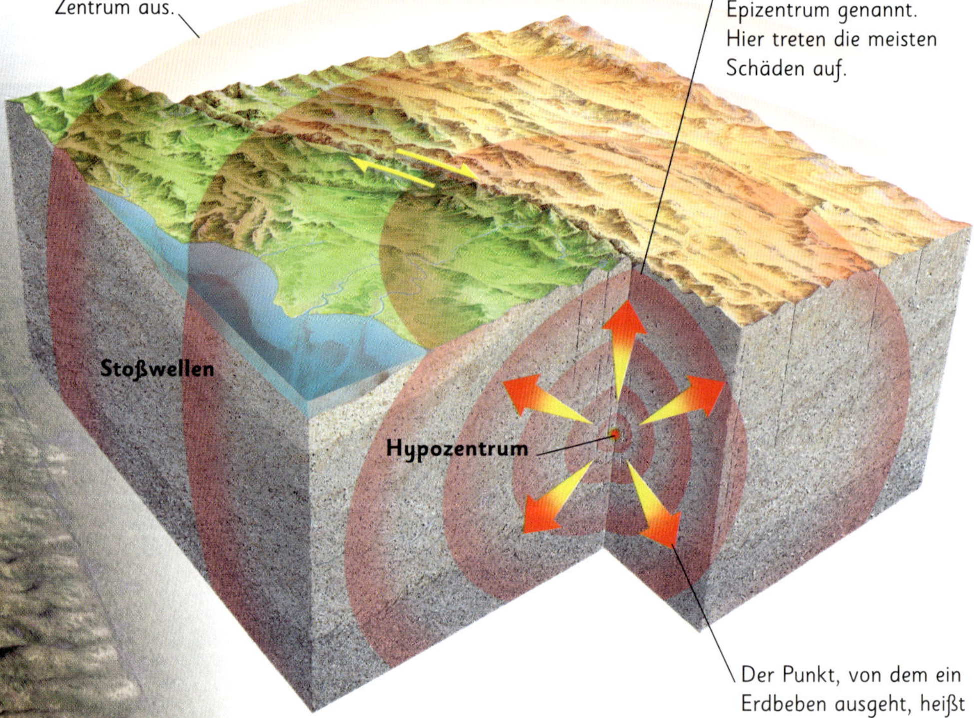

Stoßwellen strahlen vom Zentrum aus.

Der Punkt direkt über dem Zentrum wird Epizentrum genannt. Hier treten die meisten Schäden auf.

Stoßwellen

Hypozentrum

Der Punkt, von dem ein Erdbeben ausgeht, heißt „Hypozentrum".

An dem Graben der San-Andreas-Verwerfung in Kalifornien treffen zwei Platten aufeinander.

Was passiert da?

Die meisten Erdbeben beginnen tief unter der Erde, wenn tektonische Platten aneinanderreiben. Dieses Reiben verursacht ein Zittern, das sich ausbreitet wie die Wellen, wenn man einen Stein ins Wasser wirft. Sie schütteln das Gestein und den Boden.

Wie nennt man die Lehre von den Erdbeben?

So wächst ein Tsunami

Manchmal löst ein großes Erdbeben einen Tsunami aus. Diese Monsterwelle kann große Zerstörungen verursachen.

Der Tsunami überflutet die Küste und richtet viel Schaden an.

Zunächst wird durch den Tsunami Wasser vom Strand weggesaugt.

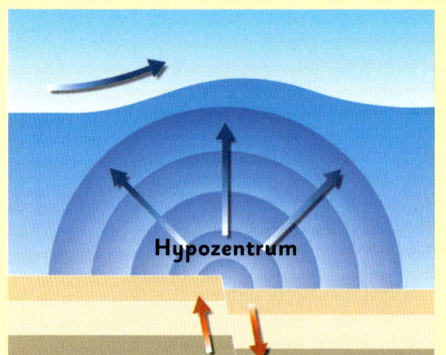

Hypozentrum

Tief unten am Meeresboden sendet ein Erdbeben Stoßwellen aus.

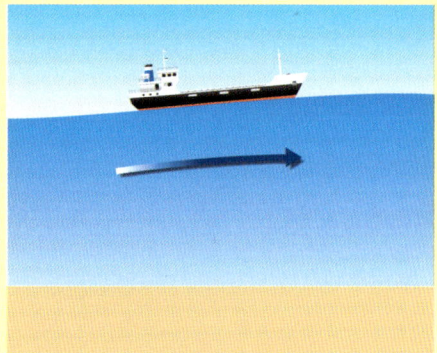

Die Stoßwellen verursachen eine Wasserwelle, die durch den Ozean läuft.

Wenn die Wasserwelle die Küste erreicht, wird sie zum Tsunami.

Zerstörerische Kraft

Die Stoßwelle eines Erdbebens kann Gebäude erschüttern und sogar einstürzen lassen. Viele Häuser in gefährdeten Gebieten müssen daher erdbebensicher gebaut werden.

Ein Feuer-Kreis

Über 70 Prozent aller Beben kommen in einem Ring rund um den Pazifik vor. Er wird „Feuerring" genannt und bildet den Rand der riesigen Pazifischen Platte. Der Rand dieser Platte stößt an andere Platten.

Nicht alle Häuser halten ein Erdbeben aus.

Wie Berge entstehen

Zum Himalaja gehört der Mount Everest, der höchste Berg der Welt.

Ein Viertel der Landoberfläche auf der Erde besteht aus Bergen. Wie bilden sich diese Gesteinsmassen?

Überleben

Viele Pflanzen und Tiere sind an das Leben in den Bergen angepasst.

Nadelbäume sind immergrüne Bäume mit dicken, wächsernen Blättern.

Der Anden-Kondor fliegt hoch über den südamerikanischen Berggipfeln.

Schneeleoparden in Asien haben ein dichtes Fell und einen buschigen Schwanz.

Menschen! Etwa 10 Prozent der Weltbevölkerung leben in Bergregionen.

Gipfel der Patagonischen Anden

Berge wachsen!

Gebirge entstehen im Lauf von Jahrmillionen. Sie entstehen, wenn Erdplatten gegeneinanderdrücken. Es gibt mehrere Arten von Gebirgen: Faltengebirge, Blockgebirge, Kuppengebirge und vulkanische Gebirge.

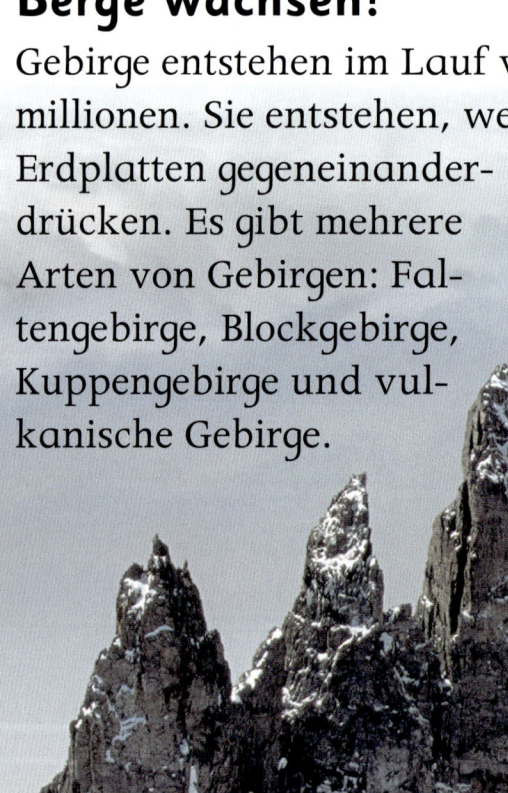

Berggipfel sind oft in Wolken gehüllt. Das Wetter dort kann sich im Nu ändern.

Warum sind Berggipfel so zerklüftet?

Sie werden immerfort vom Wetter zernagt, das die felsige Oberfläche abträgt. Im Lauf von Millionen Jahren zerbröselt ein Berg vollständig!

Gibt es auch Berge im Ozean?

Faltengebirge

... sind die häufigsten Ge-
birgsformen. Sie bilden sich,
wenn Erdplatten zusammen-
stoßen. Dadurch hebt sich
die Erdkruste und faltet sich
zusammen. Der Himalaja ist
ein Faltengebirge und wächst
immer weiter – aber nur etwa
1 Meter alle 1000 Jahre.

1. So entsteht ein Faltengebirge: Als Erstes bilden sich Sedimentschichten.

2. Eine tektonische Platte drückt auf die nächste. Dabei entstehen z-förmige Falten.

3. Je weiter die Platte sich verschiebt, desto mehr Falten entstehen an der Erdoberfläche.

4. Nach Jahrmillionen haben sich durch die Plattenbewegung eine Reihe von Bergen gebildet.

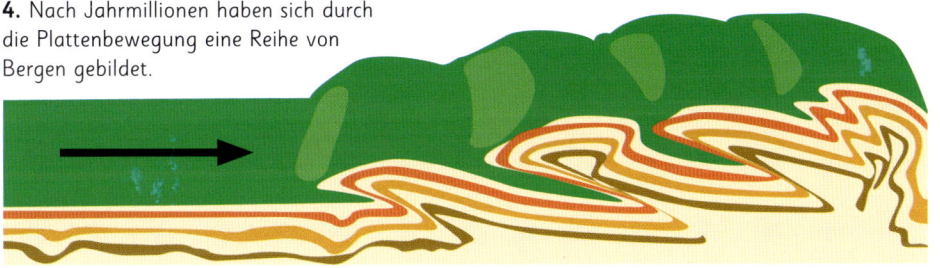

Was ist ein Gebirge?

Berge erscheinen meist in Gruppen und werden
dann Gebirge genannt. Das längste Gebirge auf
dem Land sind die Anden. Sie erstrecken sich
über 7200 Kilometer am Westrand Südamerikas.

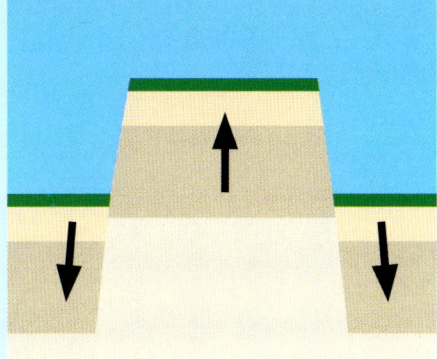

Blockgebirge
Es bildet sich, wenn sich zwei tektonische
Platten zusammenschieben oder auseinander-
bewegen, sodass Land abbricht und hochge-
hoben wird. Der Harz ist ein Blockgebirge.

Vulkanisches Gebirge
Die Inseln von Hawaii sind vulkanische Berge.
Sie haben sich nach vielen Vulkanausbrüchen
aus mehreren Lagen erkalteter, hart geworde-
ner Lava und Asche gebildet.

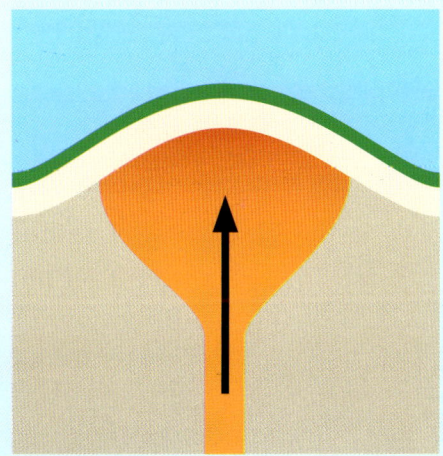

Kuppengebirge
Es entsteht, wenn geschmolzenes Gestein den
Boden hochdrückt, aber nicht durch die Oberfläche bricht. Durch den Druck bildet sich
eine rundliche Kuppe.

21

Inseln

Eine Insel ist ein von Wasser umgebenes Stück Land. Es gibt viele Tausend Inseln. Manche entstanden durch Erdbeben, andere durch Verwitterung und wieder andere durch Vulkanausbrüche.

Inselkette

Manche Länder bestehen nur aus Inseln. Indonesien ist ein solches Land. Seine mehr als 13 700 Inseln erstrecken sich über ein riesiges Gebiet.

Sandstrände geben Aufschluss darüber, wie eine Insel entstanden ist.

Spuren im Sand
Hat der Sand einer Insel eine schwarze Farbe, ist er aus Vulkanasche entstanden. Ist er weiß, besteht er aus zermahlenen Korallen.

Die Inseln Indonesiens verteilen sich auf 5000 Kilometer Länge – ein Achtel des Erdumfangs.

Diese Insel im Sankt-Lorenz-Strom ist ein privates Grundstück.

Nicht zu klein
Die „Tausend Inseln" liegen im Sankt-Lorenz-Strom zwischen den USA und Kanada. Eigentlich sind es rund 1800 Inseln, darunter viele winzige. Auf manchen von ihnen stehen sogar Häuser.

Wie heißt der „Inselkontinent"?

Flussinseln

Wo ein Fluss in das Meer fließt, können sich Inseln bilden. Der Fluss führt Ablagerungen mit sich, die sich in seichtem Wasser aufhäufen. Das Wasser fließt außen herum und es entsteht eine Insel.

Diese Insel hat sich in der Mündung eines Flusses gebildet, weil sich Ablagerungen angehäuft haben.

Die Galápagos-Inseln bestehen aus etwa 15 Hauptinseln. Auf diesem Satellitenbild sieht man drei davon.

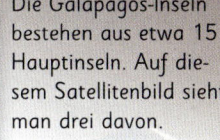
Meerechse

Ich bin etwas Besonderes!

Auf Inseln gibt es oft einzigartige Pflanzen und Tiere. Ein Beispiel ist die Meerechse, die einzige Echse, die im Meer lebt und Seetang frisst. Sie kommt nur auf den Galápagos-Inseln vor.

Da ist eine Insel!

Runde Inselgruppen auf Korallenriffen (Atolle) entstehen im seichten Wasser um einen Meeresvulkan. Mit der Zeit verwittert der Vulkan – und zurück bleibt ein Ring aus Korallen, auf dem sich sandige Inseln bilden.

In tropischen Gewässern wächst ein riesiger Vulkankegel aus dem Wasser. An seinen Hängen beginnen sich Korallen anzusiedeln.

Wind und Wasser lassen den Vulkankegel im Lauf vieler Tausend Jahre verwittern. Der Ring aus Korallen aber wird immer höher.

Wenn der Vulkankegel abgetragen ist, bleibt ein Krater unter Wasser zurück. Auf die Korallen wird Sand geschwemmt. Dadurch entstehen kleine Inseln.

Australien.

Geburt einer Insel

Surtsey ist eine winzige Insel vor der Südküste von Island.

Wenn ein Vulkan unter dem Meer ausbricht, kann er so viel Gestein ausstoßen, dass in wenigen Tagen eine neue Insel entsteht. Eine solche Insel ist Surtsey, die 1963 vor Island aus dem Meer wuchs.

Wie lang dauert die Entstehung?

Nicht so lange, wie du meinst: Surtsey entstand von 1963 bis Juni 1967. Dann hörte der Vulkan darunter auf, Lava auszustoßen. Heute kommen auf der Insel verschiedene Tiere und Pflanzen vor.

Fischer beobachteten 1963 die Geburt von Surtsey. Sie sahen eine riesige Rauchwolke und mächtige Explosionen im Wasser.

1967 hörte der Vulkan auf auszubrechen und die Insel war fertig. Sie ist heute 2,7 Quadratkilometer groß.

Ein besonderer Ort

Botaniker und Biologen haben beobachtet, wie Leben auf Surtsey angekommen ist und sich verbreitet hat. Sie haben dabei viel gelernt. Heute steht eine Forschungsstation auf der Insel.

Ist Surtsey weitergewachsen?

Ankunft der Vögel

1970 begannen sich die ersten Meeresvögel auf Surtsey niederzulassen, indem sie ihre Nester auf den Klippen bauten. Als Erste trafen ein: Eissturmvögel, Gryllteisten und Heringsmöwen. Auch Papageientaucher wurden auf Surtsey schon gesehen.

Mehr wissen ...
über Vulkane, Seite **16–17**
über Inseln, Seite **22–23**

Eissturmvogel

Ankunft von Leben

Schon erstaunlich, wie schnell Lebewesen eine Insel erobern.

Samen werden von Vögeln auf der Durchreise oder vom Wind mitgebracht.

Schwimmende Grasbüschel sind Miniflöße für Insekten und Samen.

Spinnen wurden vermutlich vom Wind nach Surtsey getragen.

Vögel nutzen die Insel als einen Platz zum Ausruhen.

Seehund

Herbei, herbei!

Seehunde siedelten sich in den geschützten Buchten von Surtsey an. 1982 kamen Kegelrobben dazu.

Wurzeln schlagen

Vulkanasche ist ein guter Boden für Pflanzen. Deshalb siedelten sie sich schon bald auf Surtsey an. Darunter waren viele Blumen und Moose. Zwei kennst vielleicht auch du: den Löwenzahn und die Butterblume.

Löwenzahn

Butterblume

Erosion

Wenn du durch die Landschaft gehst, meinst du, dass alles, was du siehst, schon immer da war. Stimmt nicht: Berge, Hügel und Küsten werden durch einen Vorgang, den man Erosion nennt, ständig verändert.

Angriffe durch Wind und Regen

Hoodoos sind Gesteinssäulen mit einer Spitze aus hartem Fels. Weil an dem weicheren Sandstein darunter ständig Wind und Regen nagen, bilden sich ganz ungewöhnliche Felspyramiden.

Erosion durch Eis
Große Gesteinsstücke an einem Hang werden Geröll genannt. Geröll entsteht, wenn Wasser in Felsenritzen gefriert und den Stein zersprengt. Hin und wieder fällt es auf Bergstraßen.

In diese türkischen Hoodoos hat man einst Wohnungen gebaut.

Was passiert bei der Erosion?

Erosion durch Flüsse

Flüsse graben sich durch Landschaften und verändern sie sehr stark. Der Colorado etwa hat den mächtigen Grand Canyon aus dem Gestein gewaschen. Diese Schlucht in den USA ist an ihrer tiefsten Stelle inzwischen 1829 Meter tief.

Der Colorado hat sich seinen Weg durch viele Schichten Kalkstein gegraben.

Erosion durch Gestein

Manchmal lösen sich an einem Berghang lockere Erde und Steine und rutschen ins Tal. Solche Erdrutsche kommen meistens nach starken Regen- oder Schneefällen vor.

Erosion durch das Meer

Felsenküsten werden ständig vom Meer umspült. Manchmal trennen sich Teile der Küste vom Land, weil weicheres Gestein weggewaschen wird. Dadurch bilden sich Felsentürme, die man Brandungspfeiler nennt.

Brandungspfeiler

Sie entstehen durch Küstenerosion.

Wellen werden durch Winde ständig an die Klippen getrieben.

Die Brandung wäscht das Gestein am Fuß der Klippen weg. Es entsteht ein Bogen.

Wenn der Gesteinsbogen zusammenstürzt, bleibt ein Brandungspfeiler übrig.

Die Brandungspfeiler vor der Küste von Victoria in Australien heißen „Zwölf Apostel".

Blickt man über dem Pazifischen Ozean auf die Erde, sieht sie aus, als wäre sie fast völlig von Wasser bedeckt.

Pazifischer Ozean

Wasser

Wasser ist überall um uns herum und sogar in unserem Körper. Es schwebt als Dampf in der Luft, füllt Meere und Flüsse und versickert im Boden. Ohne Wasser gäbe es kein Leben auf der Erde.

Salzwasser

Das meiste Wasser auf der Erde ist salzig. Meerwasser enthält viel Salz, weil das Wasser auf seinem Weg in die Ozeane Mineralien aufnimmt.

Speichersee bei Marseille in Frankreich

Für den Wasserhahn

Süßwasser wird in riesigen Speichern gesammelt, gereinigt und über Rohre in die Häuser der Menschen geleitet. Aber nicht jeder hat Zugang zu sauberem Wasser.

Wasserverdunstung

Wasser verdunstet aus den Meeren. Es verwandelt sich dabei in ein Gas und steigt als Wasserdampf auf.

Berggipfel sind ständig mit Eis und Schnee bedeckt.

Gefrorenes Wasser: Eis

Rund 80 Prozent des Süßwassers auf der Erde gibt es nur in gefrorenem Zustand. Es bildet die Polkappen, Gletscher und Schneehauben auf Bergen.

Salzablagerungen auf Steinen an der Küste des Toten Meeres

Kennst du neben Regen und Schnee eine andere Form von Niederschlag?

Kreislauf

Die Sonnenwärme erzeugt einen Wasserkreislauf. Wasser fließt vom Land in das Meer, steigt in die Atmosphäre, regnet wieder herunter – und alles beginnt neu.

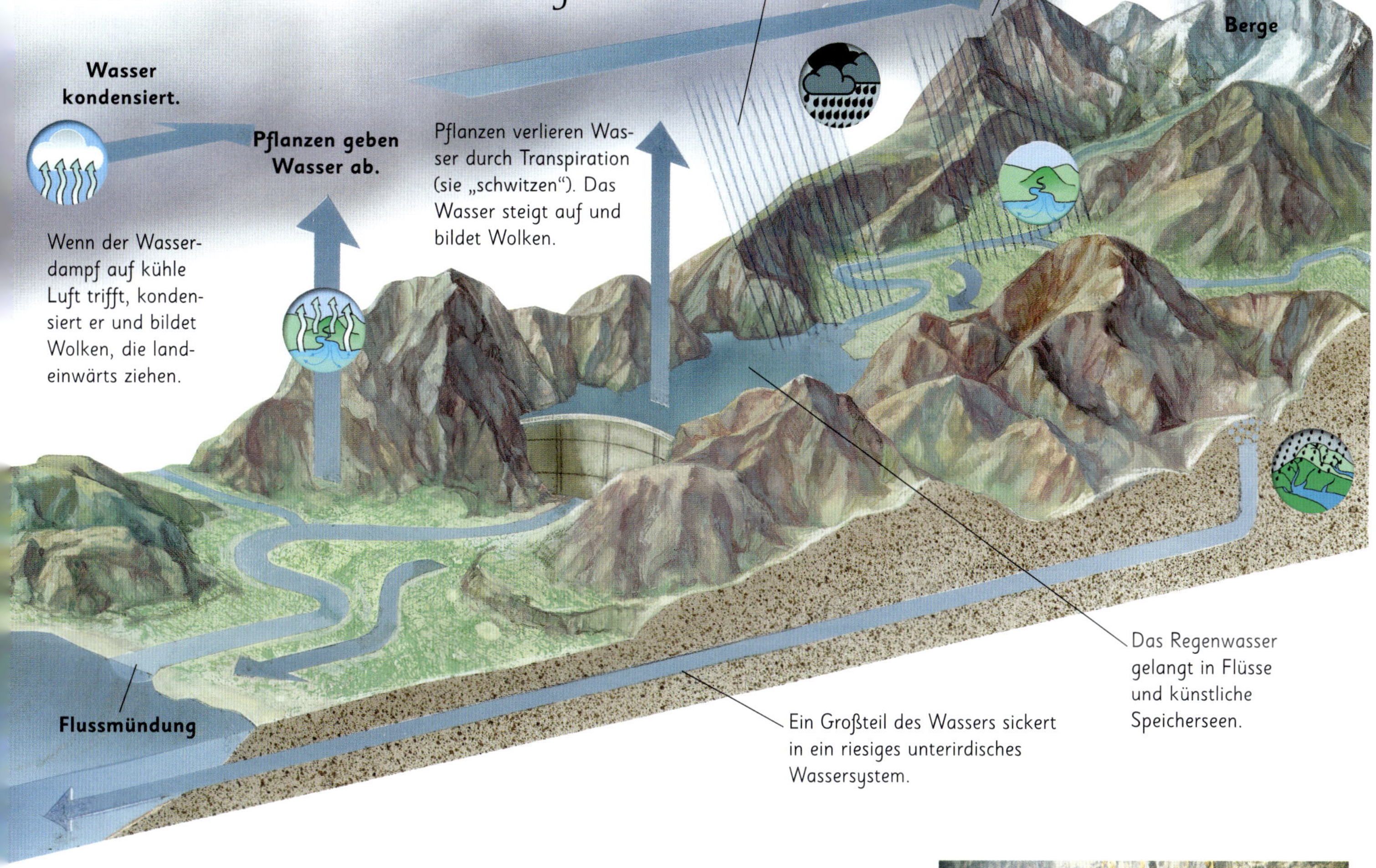

Wolken tragen das Wasser landeinwärts. Dort kühlt es sich weiter ab und fällt als Regen oder Schnee.

Wenn Wasser aus dem Meer verdunstet, steigen die Mineralien in ihm nicht mit auf. Deshalb ist Regenwasser nie salzig.

Berge

Wasser kondensiert.

Wenn der Wasserdampf auf kühle Luft trifft, kondensiert er und bildet Wolken, die landeinwärts ziehen.

Pflanzen geben Wasser ab.

Pflanzen verlieren Wasser durch Transpiration (sie „schwitzen"). Das Wasser steigt auf und bildet Wolken.

Flussmündung

Ein Großteil des Wassers sickert in ein riesiges unterirdisches Wassersystem.

Das Regenwasser gelangt in Flüsse und künstliche Speicherseen.

Alles da!

Der Wasserkreislauf setzt sich aus sechs Prozessen zusammen. Sie sind in der Abbildung oben zu sehen.

Verdunstung Wenn eine Flüssigkeit zu Gas wird, verdunstet sie. Wasser erwärmt sich und steigt als Dampf auf.

Kondensation Wird Gas flüssig, sagt man, es „kondensiert". Kühlt sich Dampf ab, bilden sich Wolken.

Niederschlag Wasser fällt als Schnee, Regen, Graupel oder Hagel auf die Erde.

Infiltration nennt man es, wenn Regenwasser in die Erde sickert – wie schnell, hängt vom Boden ab.

Abfluss Regenwasser fließt bergab in Bäche, Flüsse, Teiche und Seen und schließlich ins Meer.

Transpiration Wasser verdunstet aus den Blättern von Pflanzen und gelangt als Dampf in die Luft.

Süßwasser
Nur 3 Prozent des Wassers auf der Erde sind Süßwasser. Das meiste davon befindet sich auch noch tief unter der Erde.

Flüsse

Ein Fluss entsteht, wenn Süßwasser einen Hügel oder Berg hinunterfließt. Während er sich durch die Landschaft schlängelt, sammelt er immer mehr Wasser aus Nebenflüssen. Er formt die Landschaft und wird als wertvolle Wasserquelle genutzt.

Es ist ein seltsames Schauspiel, wenn, wie hier in Montana (USA) zwei unterschiedlich gefärbte Flüsse aufeinandertreffen.

Missouri

Der Missouri wird auch „großer Schlammfluss" genannt.

Milk River

Ein gefrorener Fluss

Gletscher sind „Flüsse" aus Eis und Gestein. Sie kommen in den kalten Bergregionen der Erde vor. Wenn sie sich bergab schieben, entstehen tiefe u-förmige Täler.

Die Farbe von Flüssen

Die Farbe eines Flusses hängt vom Land ab, durch das er fließt. Der Milk River, wörtlich „Milchfluss", heißt so, weil er so hell ist. Das liegt am Gesteinsmehl, das in ihm schwimmt. Wenn er in den Missouri fließt, sieht man den Unterschied deutlich.

Die Kraft des Wassers

Bäche und Flüsse tragen Gestein ab und führen es als sogenanntes Sediment mit sich. Dieser Fluss hat eine Straße im US-Bundesstaat Washington beschädigt.

Fließt der Nil nur durch ein einziges Land?

Die längsten Flüsse der Welt

Angaben über die Länge von Flüssen sind schwer. Manchmal werden Nebenflüsse mitgerechnet oder zwei Flüsse zusammengezählt. Das sind die längsten Flüsse der Kontinente:

WOLGA 3530 Kilometer Längster Fluss Europas

MURRAY-DARLING 3750 Kilometer Längster Fluss Australasiens

MISSISSIPPI-MISSOURI 6020 Kilometer Längster Fluss Nordamerikas

JANGTSE (CHANG JIANG) 6300 Kilometer Längster Fluss Asiens

AMAZONAS 6450 Kilometer Längster Fluss Südamerikas

NIL 6670 Kilometer Längster Fluss Afrikas

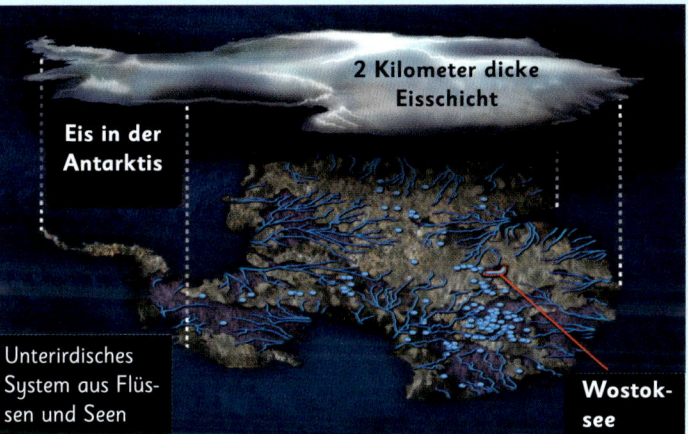

2 Kilometer dicke Eisschicht

Eis in der Antarktis

Unterirdisches System aus Flüssen und Seen

Wostok-see

Bei einer Flut müssen die Menschen weggebracht werden – sie werden evakuiert, so wie hier in Kalifornien in den USA.

Wasser in der Antarktis

Die Flüsse in der Antarktis sind klein. Der Onyx beispielsweise ist nur 40 Kilometer lang. Wissenschaftler glauben aber, dass unter dem Eis der Antarktis noch viele Flüsse und Seen verborgen liegen.

Flüsse nützen uns

Flüsse versorgen uns z. B. mit:

Nahrung Der Mensch fischt seit Tausenden von Jahren in Flüssen.

Energie Mit dem Wasser werden seit Langem Maschinen angetrieben.

Erholung Auf Flüssen kann man seine Freizeit verbringen.

Verkehr Flüsse verbinden Städte und Dörfer mit dem Meer.

Landwirtschaft Flusswasser wird in aller Welt von Bauern genutzt.

Land unter

Viele Flüsse treten über die Ufer und verwüsten menschliche Siedlungen. Hochwasser kann nach starkem Regen entstehen oder wenn es sehr lange Zeit regnet.

Höhlen

Wer eine Höhle betritt, gelangt in eine dunkle und oft auch feuchte Welt aus erstaunlichen Formen und Strukturen. Höhlen gibt es in den verschiedensten Gesteinen, von Kalk bis Lava.

Bis ein Stalaktit 1 Zentimeter wächst, können 100 Jahre vergehen.

Stalagmiten wachsen meist unter Stalaktiten. Wenn sie sich treffen, bilden sie eine Säule.

Höhlenbewohner

Höhlen beherbergen seit Jahrtausenden Tiere und Menschen.

Fledermäuse Viele Fledermäuse hängen schlafend in Höhlen an der Decke.

Texas-Höhlensalamander Diese seltene Höhlenamphibie ist blind.

Blinder Höhlenfisch Er wurde erst 1997 in China entdeckt.

Europäische Höhlenspinne Erwachsene Tiere vertragen kein Licht.

Grottenolm Diese europäische Amphibie kann sehr gut riechen und hören.

Interessant!

Lavaröhren sind Vulkanhöhlen. Sie entstehen, wenn heiße Lava außen hart wird, innen aber flüssig bleibt und weiterfließt. Im Undara-Park in Australien gibt es eine 100 Kilometer lange Lavaröhre.

Langsames Wachstum

In Kalkhöhlen findet man oft ganz erstaunliche Gebilde. Sie entstehen, weil tropfendes Wasser Kalkablagerungen hinterlässt. Diese wachsen entweder von der Decke (Stalaktiten) oder auf dem Höhlenboden (Stalagmiten).

Was sind Troglodyten?

Wasser sickert in den Boden und wäscht den Fels weg.

So entsteht eine Höhle.

Das Wasser ist schuld

Kalksteinhöhlen bilden sich im Lauf von vielen Tausend Jahren, weil Wasser durch das Gestein sickert. Dabei wird der weiche Kalk weggeschwemmt, während härteres Gestein übrig bleibt.

Höhlen an der Küste

Höhlen entstehen manchmal, wenn Wellen ständig an nacktes Gestein an der Küste schlagen. Dabei werden kleine Ritzen mit der Zeit immer mehr ausgewaschen, bis sie groß wie Höhlen sind.

Manche unterirdischen Flüsse in Yucatán sind nach oben offen und bilden natürliche Brunnen.

Unter der Erde

Ein Großteil des Süßwassers auf unserem Planeten befindet sich unter der Erde. Im mexikanischen Yucatán gibt es wenig Wasser an der Oberfläche, aber viele unterirdische Flüsse.

Die größten Kristalle der Welt

Die mexikanischen Kristallhöhlen (*Cuevas de los Cristales*) wurden erst im Jahr 2000 entdeckt. Die Hauptkammer enthält riesige Kristalle. In den Höhlengängen ist es feucht und bis zu 58 °C heiß.

In den Kristallhöhlen muss man Atemgeräte und Schutzkleidung tragen.

Troglodyten sind Menschen, die in Höhlen leben.

Klima

Klima und Wetter sind nicht dasselbe.
Das Klima ist die normale Witterung
in einer Gegend über einen
längeren Zeitraum.
Das Wetter ist das,
was man gerade sieht:
Sonne, Regen, Nebel ...

Legende:

- Trocken
- Tropisch
- Gemäßigt
- Subtropisch
- Kalt

Das Wetter kann sich

Zwei unterschiedliche Klimazonen:

 Auf den Philippinen herrscht ein heißes, feuchtes Klima.

 Italien hat ein subtropisches Klima.

Nördlicher Wendekreis

Äquator

Weiter vom Äquator entfernte Regionen bekommen weniger Sonne ab.

Klimazonen der Welt

Jede Region der Welt hat ein bestimmtes
Klima. Man kann fünf Klimazonen unter-
teilen, die auf der Weltkarte mit verschiedenen Farben dargestellt sind.

Das Klima ist das Wetter

Die Sonne scheint am Äquator stärker als nördlich oder südlich dieser Linie.

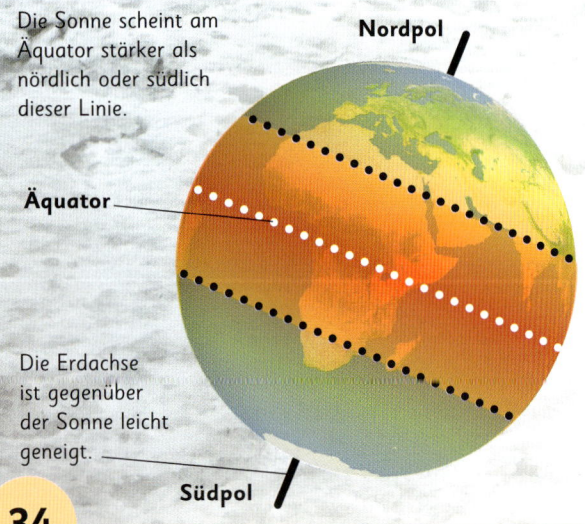

Nordpol

Äquator

Die Erdachse ist gegenüber der Sonne leicht geneigt.

Südpol

Was beeinflusst das Klima?

Das Klima hängt von der Entfernung einer
Region vom Äquator und von der Küste sowie von der Höhe über dem Meeresspiegel
ab. Nahe am Äquator ist es heißer, weil die
Region dort stärker zur Sonne gerichtet ist.

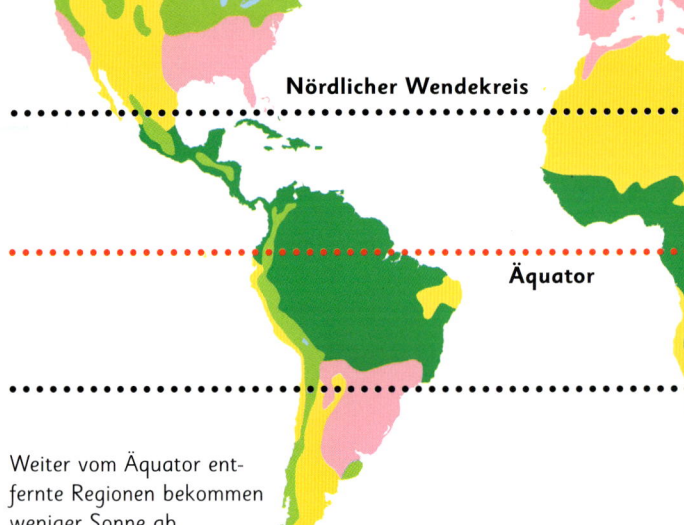

Wie viele Klimazonen gibt es in Australien?

**Es ist kühl –
hier sind Berge!**
Auch Landschaften
können sich auf das
Klima auswirken.

in Minuten ändern.

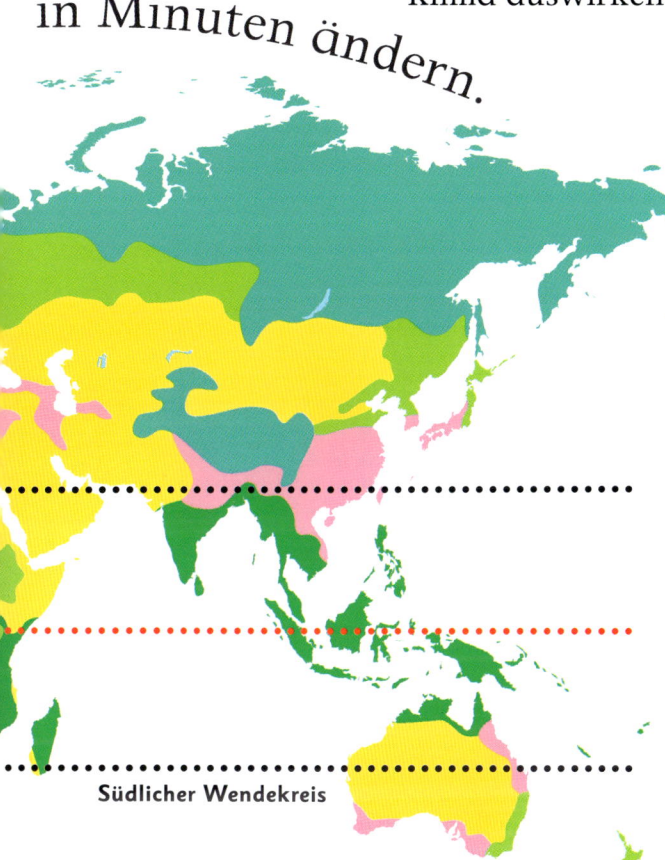

Südlicher Wendekreis

Wo ein Gebirge aufragt, ist es meist kühler.

Hier ist es warm!
Herrscht auf kleinem
Raum ein anderes Klima
als in der Umgebung,
spricht man von einem
Mikroklima. In einer
dicht bebauten Groß-
stadt ist die Tempera-
tur der Luft oft höher
als auf dem Land, weil
Gebäude und Straßen
die Sonnenwärme
länger speichern als
Bäume und Gras.

Die Temperaturen in einer Großstadt
können einige Grad über denen
in der Umgebung liegen.

über einen langen Zeitraum.

Klima und Kleidung

Vom Klima eines Landes hängt ab,
wie sich die Menschen dort klei-
den. Häuser mit flachem Dach sind
eher dort üblich,
wo es wenig reg-
net, während
man Häuser mit
steilem Dach
dort hat, wo viel
Regen fällt.

**Mehr
wissen …**
über das Wetter,
Seite 36–37
über den Klimawan-
del, Seite 38–39

Diese
Kinder
tragen warme
Kleidung. Sie
schützt sie vor
der großen
Kälte Sibiriens.

Vier: trocken, tropisch, subtropisch und gemäßigt.

Wetter

„Es ist windig!", „Es schüttet!", „Die Sonne scheint – gehen wir raus und spielen." Das Wetter hat oft Einfluss auf das, was wir tun. Aber was bewirkt, dass sich das Wetter ändert?

Wer macht das Wetter?

Das Wetter spielt sich in der unteren Schicht der Erdatmosphäre ab. Die Sonne erwärmt die Luft an verschiedenen Orten unterschiedlich stark. Deshalb kommt die Luft in Bewegung – es wird windig. Und Wind bringt anderes Wetter.

Sonne   Sturm   Schnee

In der Wettervorhersage werden Symbole verwendet, damit man leichter versteht, wie das Wetter wird.

Ein Tornado ist eine wirbelnde Säule aus Luft, die bis zum Boden reicht. Tornados dauern nicht lang, richten aber viel Schaden an.

Das Zentrum eines Hurrikans

Hurrikane entstehen über dem Meer und bewegen sich auf das Land zu, wo sie an Kraft verlieren.

Wie kann man mit einem Kiefernzapfen das Wetter vorhersagen?

Was sind Wolken?

Wolken sind Ansammlungen von Feuchtigkeit. Sie bestehen aus winzigen schwebenden Eiskristallen und Wassertröpfchen. Sammelt sich zu viel Feuchtigkeit, werden die Tröpfchen größer und fallen als Regen, Schnee oder Hagel auf die Erde.

Probier's aus!
So bastelst du einen Regenmesser: Lineal an ein Glas kleben, Trichter hineinstecken und Glas nach draußen stellen. Täglich die Höhe des Wassers messen.

Bei Gewittern treten Blitze auf. Sie können in Objekte einschlagen.

Ein Regenbogen!
Wenn es regnet und gleichzeitig die Sonne scheint, kannst du vielleicht einen Regenbogen sehen.

Was passiert da?
Blauer Himmel, Wind, Schnee – es gibt viele Wettererscheinungen. Hier sind einige:

Wind kann Sturm und Regen bringen. Er ist schwach oder stark.

Regen bildet sich, wenn sich in Wolken Feuchtigkeit sammelt.

Schnee fällt, wenn Wasserdampf in einer Wolke zu Eiskristallen wird.

Gewitter bringen Donner und Blitz und riesige dunkle Wolken mit sich.

Wasserhosen sind Tornados über dem Meer. Sie bilden eine Wassersäule, die sich dreht.

Nebel sind Wolken, die dicht über dem Boden sind. Die Luft enthält viel Wasser und fühlt sich kühl an.

Wie wird das Wetter heute?
Wenn du wissen willst, wie das Wetter wird, achtest du auf die Wettervorhersage. Sie hilft Menschen zu planen – das ist etwa für Piloten und Bauern wichtig.

Wetterballon
Ballons tragen Instrumente in die Atmosphäre. Dort messen sie die Temperatur und den Luftdruck. Irgendwann platzen sie und die Instrumente segeln an einem Fallschirm zur Erde.

Hurrikanflugzeug
Damit untersucht man den Wind rund um Wirbelstürme.

Wetterhütte Sie schützt Messinstrumente, mit denen Wetterdaten gesammelt werden.

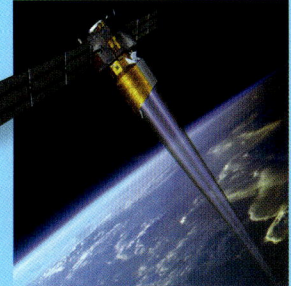
Satellit Hoch über uns kreisen Wettersatelliten. Sie helfen uns bei der Wettervorhersage.

Klimawandel

Unsere Erde hat schon viele Klimaver-
änderungen erlebt. Steigende Temperaturen zeigen, dass es auf der Erde
gerade wärmer wird. Diesmal aber ist
vielleicht der Mensch schuld.

Umweltveränderungen
Der Klimawandel wirkt sich sehr
stark auf die Umwelt aus. Feuchtgebiete trocknen aus und auf
Bergen schneit es nicht mehr. Das
macht das Überleben für Tiere und
Pflanzen schwieriger.

Die meisten Treibhaus-
gase entstehen bei der
Verbrennung von Brenn-
stoff in Kraftwerken,
Flugzeugen und Autos.

Kühe geben sehr viel
Methan in die
Atmosphäre ab.

Wenn zu viel Kohlendioxid
in die Atmosphäre gelangt,
wird die Hitze wie unter
einer riesigen Decke
eingefangen.

Die Atmosphäre
Die Atmosphäre sorgt
dafür, dass die Erde
warm bleibt. Sie enthält
Kohlendioxid, Wasserdampf
und Methan, die verhindern, dass
Wärme in den Weltraum entweicht.
Gibt es zu viel von diesen Gasen, wird
die Erde zu einem riesigen Treibhaus.

Saubere Technologien stoßen
weniger Schadstoffe und
Gase aus.

Wie viele Liter Methan kann eine Kuh täglich ausstoßen?

Das Wetter spielt verrückt

Der Klimawandel wirkt sich auch auf unser Wetter aus. In Nordafrika wird es heißer und trockener, in Nordeuropa dagegen kälter und nässer. Hurrikane und Taifune verursachen große Überschwemmungen. Andere Regionen der Erde leiden unter langer Trockenheit.

Goldkröte in Costa Rica

Tiere in Gefahr

Wenn Tiere und Pflanzen nicht auf andere Gebiete ausweichen oder sich an die neuen Bedingungen anpassen können, sterben sie aus. Mit der Goldkröte in Costa Rica ist das schon passiert.

Manche Gegenden müssen bei einem Klimawandel mit extremem Wetter rechnen.

Probier's aus!
Wir alle können Energie sparen. Schalte das Licht und elektrische Geräte aus, wenn du sie nicht brauchst. Drehe die Heizung zurück und gehe öfter mal zu Fuß.

Was wird geschehen?

Das weiß niemand genau. Aber die Folgen könnten sehr schlimm sein. Das Eis der Gletscher und der Pole kann schmelzen, wodurch der Meeresspiegel steigt. Dann würden Länder wie Bangladesch und Inseln im Pazifik überflutet.

Ungefähr 200 Liter. Das ist mehr als eine große Badewanne voll!

Die Erde schützen

Jeden Tag fügen wir der Erde Schaden zu. Wir fällen Bäume, graben Mineralien aus und verschmutzen Wasser. Aber wir können die Erde auch schützen.

Interessant!
Wenn die Menschen in den armen Teilen der Welt so viel Land wie wir in den reichen Ländern verbrauchen würden, brauchten wir drei Erdkugeln zum Leben.

Was ist das Problem?

Bäume fällen

Die Menschen brauchen Holz zum Bauen von Häusern, für Papier oder als Brennstoff. Leider haben wir schon zu viele Wälder abgeholzt. Das ist schlecht für das Gleichgewicht der Gase in der Atmosphäre.

Bäume verhindern Bodenerosion.

Was wir tun müssen: Wir müssen neue Bäume pflanzen, um gefällte Bäume zu ersetzen. In vielen Ländern legt man Wälder nur an, weil man Holz braucht. Umgesägte Bäume ersetzt man dort sofort durch neue.

Ein Nutzwald

Land verbrauchen

Menschen verändern die Landschaft seit Jahrhunderten durch Landwirtschaft, Bergbau und den Bau von Häusern. Das führte manchmal zur Zerstörung des Bodens. Viele Arten verlieren so ihren Lebensraum.

Boden wird durch Beton ersetzt.

Was wir tun müssen: Wir müssen verlorenen Boden wiedergewinnen. Durch weniger Dünger und Pflanzen, die den Boden festhalten, stoppt man die Erosion. Nackten Boden kann man in Parks und Gärten umwandeln.

Das Anlegen von Stadtgärten tut der Umwelt gut.

Welcher Abfall in deinem Haus kann wiederverwertet werden?

Neben diesem Kraftwerk wurden Bäume gepflanzt, die Schadstoffe aus der Luft filtern.

Ersetzen

Wir können unsere Erde bewahren, indem wir alles, was wir ihr nehmen, sparsam verwenden und wieder ersetzen. So schützen wir die Umwelt und sorgen dafür, dass jede Tier- und Pflanzenart gesund und sicher leben kann. Man nennt das nachhaltige Entwicklung.

So kannst auch du helfen:

Wirf nichts auf die Straße – hebe Müll auf und wirf ihn in einen Abfallkorb.

Setze Pflanzen – schon ein Fensterkasten oder ein Blumentopf bringt etwas.

Schalte Lichter und Elektrogeräte aus, wenn du sie nicht mehr brauchst.

Recycle. Die meisten Haushaltsabfälle kann man wiederverwerten.

Umwelt verschmutzen

Industrie ist notwendig, weil sie uns mit vielem versorgt, was wir im Alltag brauchen.

Auslaufendes Öl verschmutzt Meere.

Aber sie hat ihren Preis: Sie bläst Rauch in die Atmosphäre und verschmutzt Land und Wasser. Das schadet Lebewesen.

Was wir tun müssen: In den meisten Ländern gibt es Gesetze zum Schutz der Umwelt. Damit kann man die Industrie dazu bringen, umweltfreundlichere Methoden zu entwickeln, um ihre Produkte herzustellen.

Herumfahren

Mit jedem Jahr steigt die Zahl der Autos auf der Erde. Aber je mehr wir fahren, desto mehr

Verkehrsstaus vergeuden Kraftstoff.

Land verbrauchen wir für den Bau von Straßen, und desto mehr Abgase blasen wir in die Luft.

Was wir tun müssen: Wer nicht weit fahren muss, kann auch gehen oder mit dem Rad fahren. Längere Strecken kann man außerdem mit dem Bus oder Zug zurücklegen.

Radfahren ist umweltfreundlich und hält fit!

Ölverschmutzte Strände säubern ist harte Arbeit.

Papier, Glas, Metall, Plastik und Stoff.

Die lebendige Natur

Schau dir die vielen Landschaften der Erde an. Über die
unendliche Vielfalt des Lebens
dort kann man nur staunen.

Käfer

Eule

Leben

Lebewesen, ob Pflanze oder Tier,
haben einiges gemeinsam. Sie alle
brauchen Nahrung und meistens
auch Sauerstoff.

Tiere

Das Tierreich besteht aus
Tieren mit einem Rückgrat
(Wirbeltieren) und solchen
ohne ein Rückgrat (Wirbel-
lose). Tiere müssen sich bewegen, um Nahrung zu finden.

Butterblume

Marienkäfer

Pflanzen

Pflanzen nutzen Sonnen-
energie, um ihre Nahrung
zu erzeugen. Denn im
Gegensatz zu den
meisten Tieren
können sie nicht
umherwandern.

Tiger

Schnecke

Kennst du ein Tier, das sich nicht fortbewegen kann?

Pilze

Pilze sind weder Pflanze noch Tier, sondern – Pilze. Sie nehmen ihre Nährstoffe von lebenden oder toten Tieren und Pflanzen auf.

Viele Pilze sind giftig. Auch dieser hier.

Die Luzerne ist eine Futterpflanze für Vieh. Hier wird sie in der Wüste angebaut.

Unsere Umwelt

Menschen können sich ihre Umwelt gestalten, aber das erfordert oft einen hohen Aufwand. Die riesigen kreisförmigen Felder in der Wüste sind 1 Kilometer breit. Sie brauchen allerdings Unmengen Wasser.

FAHR LANGSAM

PINGUINE KREUZEN

Hilfe für Tiere

Die Natur kann durch das Abholzen von Wäldern, durch Landwirtschaft oder den Bau von Häusern und Straßen zerstört werden. Deshalb versucht der Mensch manchmal, gefährdeten Tieren zu helfen. Er baut für sie Tunnel unter Straßen und warnt mit Schildern vor Tieren, die über die Straße laufen.

Foto-Quiz

Finde im Kapitel „Die lebendige Natur" die Bilder, aus denen diese Ausschnitte stammen.

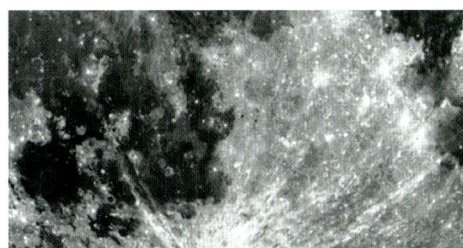

Mehr wissen ...

über Lebensräume, Seite 46–47
über Ökosysteme, Seite 48–49

Planet des Lebens

Die Erde ist der einzige Planet des Sonnensystems, auf dem es Leben gibt. Hier ist es weder zu heiß noch zu kalt, sondern gerade richtig für Lebewesen. Das liegt daran, dass die Erde die ideale Entfernung zur Sonne hat.

Unsere Sonne

Dank ihrer Größe hat die Sonne erst die Hälfte ihres 9 Milliarden langen Lebens hinter sich. Das ist lang genug, damit sich Leben auf der Erde entwickeln konnte. Wäre die Sonne größer, würde sie schneller ausbrennen. Eine kleinere Sonne dagegen ist stabiler.

Vom Weltraum aus gesehen, sieht die Atmosphäre wie ein dünnes blaues Band aus.

Unsere Erde

Auf keinem anderen Planeten in unserem Sonnensystem ist Leben möglich. Die Erde hat wegen ihrer Größe gerade die richtige Schwerkraft, um die Atmosphäre festhalten zu können. Die Lufthülle schützt uns nicht nur vor den schädlichen Sonnenstrahlen, sondern fängt auch genug Sonnenwärme ein, damit wir uns wohlfühlen.

Warum wird unsere Erde auch der „blaue Planet" genannt?

Sonne

Merkur

Venus

Mars

Jupiter

Saturn

Uranus

Neptun

Erde

Wasser

Unser Körper enthält viel Wasser. Wir brauchen es zum Überleben und müssen es trinken, um gesund zu bleiben. Auf der Erde gibt es reichlich Wasser. Zum Glück ist es auf der Oberfläche in flüssiger Form vorhanden.

Flüssiges Wasser

Die Erde ist der einzige Planet des Sonnensystems, der die richtige Entfernung zur Sonne und damit die richtige Temperatur hat, sodass Wasser flüssig bleibt. Der Mars ist zu weit von der Sonne weg und daher zu kalt. Die Venus ist zu nah an der Sonne und deshalb zu heiß.

Flüsse und Seen machen weniger als 1 Prozent des Süßwassers auf der Erde aus. Das meiste Wasser ist Salzwasser in den Ozeanen.

Unser Mond

Der Mond hält die Erddrehung stabil. Ohne ihn wäre das Wetter viel extremer. Und er verursacht, dass sich der Meeresspiegel zweimal täglich hebt und senkt. Viele Forscher glauben, dass sich gerade deshalb Leben aus dem Meer entwickeln konnte. Denn durch Ebbe und Flut war ein Bereich der Küste einmal unter Wasser und dann wieder trocken.

Mächtiger Schutz

Der Jupiter spielt eine wichtige Rolle als Beschützer der Erde. Weil er wesentlich größer als sie ist und deshalb eine höhere Schwerkraft hat, zieht er viele im Weltraum fliegende Objekte an. Er bewahrt uns vor Asteroiden und Kometen, die die Erde bombardieren könnten.

Weil es auf ihr so viel Wasser gibt, wirkt sie vom Weltraum aus blau.

Hier leben wir!

Die Welt lässt sich in mehrere Landschaften einteilen. Diese Zonen bieten unterschiedlichen Pflanzen und Tieren Lebensräume. Hier sind einige Beispiele.

Nadelwälder
Immergrüne Nadelbäume haben sich an lange, kalte Winter und kurze Sommer angepasst.

Wüsten
Wüsten sind der trockenste Lebensraum. Hier kann es sehr heiß und kalt sein. In der Wüste gibt es nur wenig Leben.

Tropische Regenwälder
Mehr als die Hälfte aller Pflanzen- und Tierarten auf der Welt lebt in tropischen Regenwäldern.

Grasland
In diesen Regionen leben sehr viele grasende Tiere (Pflanzenfresser) und jagende Tiere (Fleischfresser).

46

Gibt es noch andere Namen für Grasland?

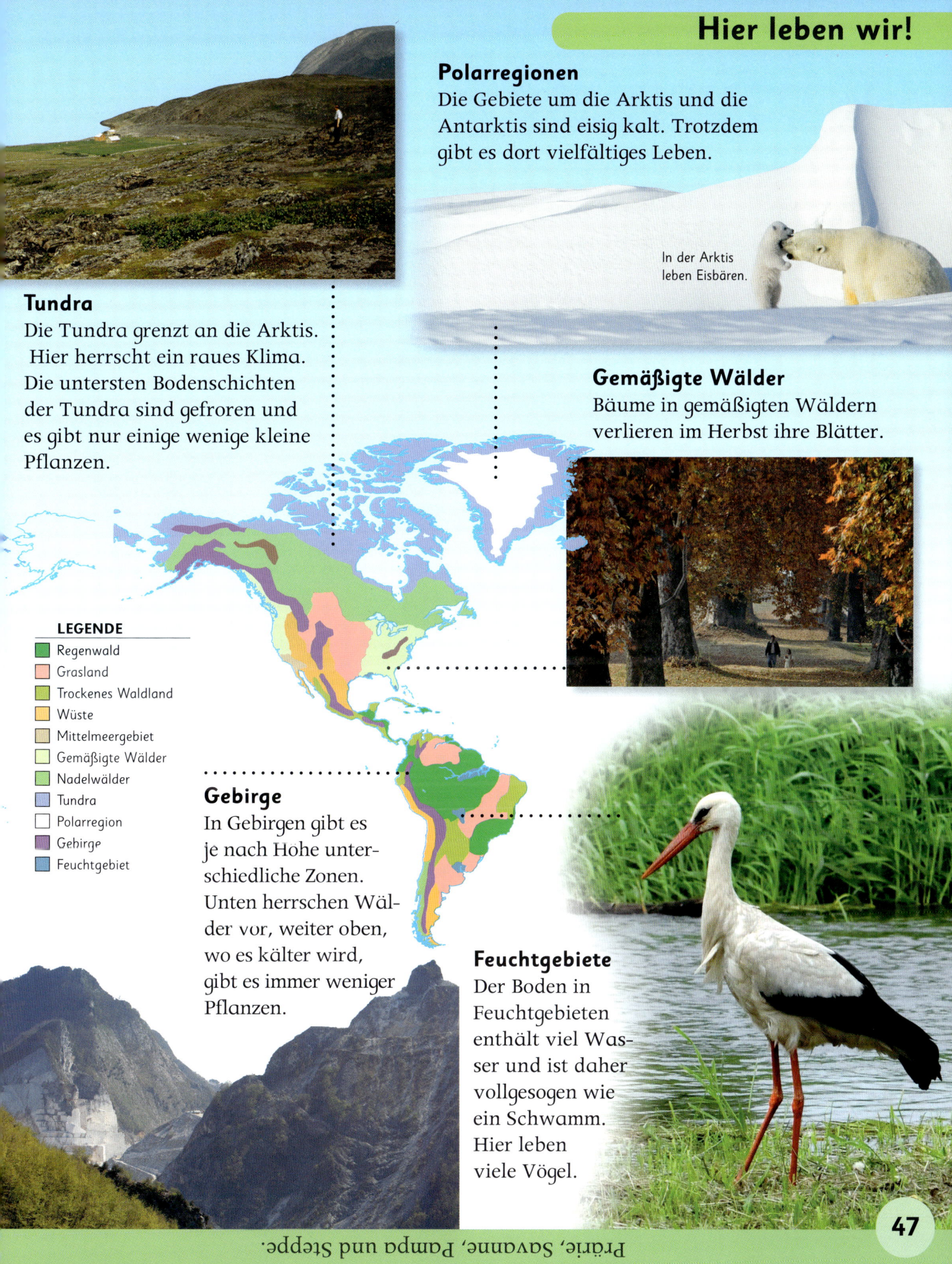

Hier leben wir!

Polarregionen

Die Gebiete um die Arktis und die Antarktis sind eisig kalt. Trotzdem gibt es dort vielfältiges Leben.

In der Arktis leben Eisbären.

Tundra

Die Tundra grenzt an die Arktis. Hier herrscht ein raues Klima. Die untersten Bodenschichten der Tundra sind gefroren und es gibt nur einige wenige kleine Pflanzen.

Gemäßigte Wälder

Bäume in gemäßigten Wäldern verlieren im Herbst ihre Blätter.

LEGENDE
- Regenwald
- Grasland
- Trockenes Waldland
- Wüste
- Mittelmeergebiet
- Gemäßigte Wälder
- Nadelwälder
- Tundra
- Polarregion
- Gebirge
- Feuchtgebiet

Gebirge

In Gebirgen gibt es je nach Hohe unterschiedliche Zonen. Unten herrschen Wälder vor, weiter oben, wo es kälter wird, gibt es immer weniger Pflanzen.

Feuchtgebiete

Der Boden in Feuchtgebieten enthält viel Wasser und ist daher vollgesogen wie ein Schwamm. Hier leben viele Vögel.

Prärie, Savanne, Pampa und Steppe.

47

Ökosysteme

In einem Lebensraum gibt es viele Ökosysteme. Jedes besteht aus den Pflanzen und Tieren eines bestimmten Gebiets. Das kann ein kleiner Teich, eine Wiese oder ein verfaulender Baumstamm sein. Die Lebewesen in ihm bilden eine Gemeinschaft.

Gesunde Vielfalt

Die Vielfalt der Arten in einem Ökoystem nennt man Biodiversität. Sie ist wichtig, denn keine Art kann allein überleben. Schon in einem winzigen Bereich des Regenwalds können 150 Käferarten vorkommen.

Haselnuss-bohrer

Haselnussbohrer sind Käfer.

Ökologen bestimmen mit einem Gitterrost die Zahl der Arten auf einem kleinen Stück Land.

Nahrungsquellen

Jedes Ökosystem hat seine Nahrungsketten. Sie zeigen, welche Organismen was fressen. Oft entstehen komplizierte Netzwerke.

Am Anfang einer einfachen Nahrungskette ist oft Gras.

Gras wird von Zebras gefressen.

Zebras (und andere Tiere) werden von Löwen gefressen.

Probier's aus!
Baue dir ein Mini-Ökosystem: Saatschale mit Erde füllen. Mit Steinchen einen Weg markieren und Grassamen dort säen. Täglich gießen. Gras schneiden, wenn es zu lang wird.

Sind die Wälder auf Madagaskar tropisch oder gemäßigt?

Die Geografie von Pflanzen und Tieren

In einem Lebensraum leben oft Tiere und Pflanzen, die es nirgendwo sonst gibt. Man nennt sie „einheimische" Arten. Sie haben Tricks entwickelt, um mit den besonderen Bedingungen in ihrer Heimat zurechtzukommen. Lemuren etwa leben nur auf Madagaskar.

70 Prozent der Pflanzen und Tiere auf Madagaskar kommen nirgendwo sonst auf der Welt vor.

Madagaskar ist die viertgrößte Insel der Welt. Sie liegt vor der Südostküste von Afrika.

Manche Chamäleons auf Madagaskar sind winzig.

Sifaka (eine Lemurenart)

Manche Lemuren bewegen sich durch tanzende Bewegungen seitwärts fort.

Warum nur dort?

Viele Tiere auf Madagaskar stammen ursprünglich aus Afrika. Vor Millionen Jahren waren Madagaskar und Afrika noch nicht getrennt. Als die Insel wegbrach, blieben Pflanzen und Tiere auf ihr zurück.

Etwas Besonderes

Nachdem Madagaskar zur Insel geworden war, nahm die Entwicklung seiner Tiere einen eigenen Weg. In Afrika überlebten die Lemuren nicht, auf der isolierten Insel aber schon.

Interessant!

Eine fremde Art kann ein Ökosystem durcheinanderbringen. Die Aga-Kröte wurde nach Australien gebracht, um Käfer auf Zuckerrohrplantagen zu fressen. Aber sie ist selbst zum Schädling geworden.

Auf Madagaskar gibt es tropische Regenwälder.

Polarregionen

Die Arktis und die Antarktis sind die kältesten, ödesten Zonen der Erde. Nur wenige Menschen waren je dort. Die Luft ist so kalt, dass der Atem Eiskristalle bildet. Die Sonne scheint so hell, dass es fast weh tut.

Arktis

Der Arktische Ozean ist der kleinste Ozean der Welt.

Die Arktis

Die Arktis ist ein gefrorenes Meer – eine riesige schwimmende Eisscholle. Am Nordpol bleibt das Eis immer gefroren, weiter südlich aber schmilzt es und beginnt im Sommer wegzubrechen.

Der Eisbär ist das größte Landraubtier der Erde.

Diese Zeitrafferaufnahme zeigt, dass die Sonne in der Arktis nicht untergeht.

Langer Tag

Im Winter ist es an den Polen den ganzen Tag dunkel, im Sommer dagegen geht die Sonne gar nicht unter. Es ist nicht einfach, im ewigen Eis zu überleben, trotzdem gibt es dort Tiere.

Tiere der Arktis

In der Arktis leben mehr Tiere als in der Antarktis, weil im Winter das Eis die Arktis mit Russland und Nordamerika verbindet.

Narwal Männliche Narwale haben einen 2–3 Meter langen Stoßzahn.

Bandrobben Erwachsene Tiere tragen ein schwarzes Fell mit vier weißen Streifen.

Walrosse sind Säugetiere. Sie fressen Krabben und Muscheln.

Eisberg

Ich sehe einen Eisberg!
In der Arktis brechen Eisberge von Küstengletschern ab und gleiten in den Nordatlantik. Wind und Wellen treiben sie umher, bis sie schmelzen und zerbrechen. Das kann zwei Jahre dauern.

Arktis oder Antarktis – wo gibt es die größte Eisfläche?

Die Antarktis

90 Prozent der Eismenge, die es auf der Welt gibt, bilden den Eispanzer der Antarktis. Er ist durchschnittlich 1,6 Kilometer dick. Unter ihm liegt Land.

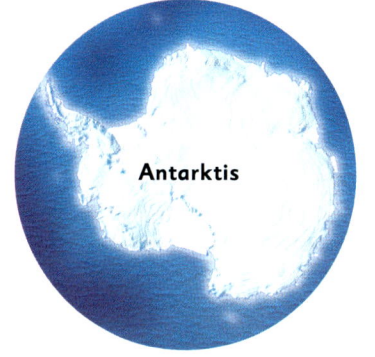

Antarktis

Die Antarktis ist die kälteste Region der Erde. Daran sind auch die eisigen Winde schuld.

Forschungsstation

Der Mensch und die Pole

Menschen leben seit Tausenden von Jahren in der Arktis, aber nichts deutet darauf hin, dass sie sich jemals in der Antarktis angesiedelt haben. Heute arbeiten dort jedoch einige Wissenschaftler. Sie wohnen in Forschungsstationen.

Tiere der Antarktis

In der Antarktis gibt es keine Landsäugetiere, aber viele Meerestiere.

 **Weddellrobben** sind die am weitesten südlich lebenden Säugetiere.

 **Orkas** werden auch Schwertwale genannt. Sie sind ausgezeichnete Jäger.

 **Buckelwale** haben von allen Walen die längsten Flossen.

 **Adeliepinguine** sind ziemlich klein. Sie überwintern auf dem Packeis.

 **Seesterne** leben auf dem Meeresboden unter dem antarktischen Packeis.

Kaiserpinguine sind die einzigen Pinguine, die im Winter brüten.

Kolonie von Kaiserpinguinen

Kaiserpinguine sind die größten Pinguine. Sie werden bis zu 1 Meter groß.

In der Antarktis.

51

Tundra

Die Tundra ist eine Landschaft, die man vor allem am Rand der Arktis findet, aber auch nahe der Antarktis und im Hochgebirge. In der Tundra ist es selbst im Sommer ziemlich kühl.

Baumlose Tundra

Sieh dir die Tundra an: Du wirst merken, dass es dort kaum Bäume gibt. Das liegt daran, dass der Boden die meiste Zeit gefroren ist. Bäume können deshalb nicht tief ins Erdreich wurzeln.

Die Welt der Tundra

In der Tundra ist es kalt und windig, aber es regnet nicht oft. Wegen des rauen Klimas leben nur wenige Tiere das ganze Jahr über dort. Sobald Schnee fällt, ziehen sie nach Süden, um Futter zu finden.

Der Name Tundra bedeutet in der Sprache der Sami „baumloses Land".

Blütenpflanzen haben nur kurz Zeit, Samen für das nächste Jahr zu bilden.

∘**Arktischer Mohn**

Pflanzen

Ein Großteil des Landes ist von Gräsern, Moos, Heidekraut und kleinen Sträuchern bedeckt. Im Frühjahr öffnen sich für kurze Zeit viele Blüten.

Warum bekommt der Polarhase im Winter ein weißes Fell?

Tauwetter

Der Sommer in der Tundra ist kurz. Wenn die Temperaturen steigen, tauen die oberen Bodenschichten auf. Es bilden sich Sümpfe und kleine Seen. Ständig gefrorener Boden heißt Permafrostboden.

Bedroht

Die arktische Tundra ist bedroht, weil man dort im Boden große Öl- und Mineralienvorkommen vermutet. Wenn man sie herausholt, wird dadurch vielleicht das Ökosystem geschädigt.

Pipelines bringen Gas und Öl durch die Tundra Alaskas.

Tiere der Tundra

Das Leben in der Tundra ist hart, aber viele Tiere haben sich angepasst.

Bären wandern im Sommer in die Tundra, um Pflanzen und Beeren zu fressen.

Moschusochsen haben ein langes dickes Fell, das sie das ganze Jahr wärmt.

Polarfüchse leben meist von Lemmingen, fressen aber alles, was sie finden.

Lemminge leben in Erdhöhlen, die sie unter dem Schnee graben.

Schnee-Eulen bauen ihre Nester auf Hügeln und Felsrücken.

Polarhase

Der Polarhase trägt im Winter weißes und im Sommer braunes Fell.

Rentiere graben mit den Hufen und ihrem Geweih im Schnee nach Gras und Flechten.

Rentier

Damit er im Schnee nicht zu sehen ist.

Wälder

Wälder bedecken fast 30 Prozent der Landfläche der Erde. Sie unterscheiden sich, je nachdem, ob sie in heißen tropischen, in kühl-gemäßigten oder in kalten Regionen wachsen.

Was heißt „gemäßigt"?

Gemäßigt bedeutet „nicht extrem". In gemäßigten Zonen sind die Sommer warm und die Winter kühl. Es wird nie so heiß wie am Äquator, aber auch nie so kalt wie an den Polen.

Ahornwald

Breite flache Blätter kommen in den gemäßigten Zonen vor.

Kastanien-blatt

Nadelförmige Blätter wachsen an Nadelbäumen wie Fichten und Kiefern.

Kiefern-nadeln

Vielfältige Wälder

Es gibt verschiedene Waldformen. Die drei wichtigsten sind:

Nadelwälder

Sie bestehen meist aus immergrünen Nadelbäumen. „Immergrün" heißt, dass sie ihre Blätter nicht abwerfen.

Gemäßigte Wälder

In Wäldern gemäßigter Zonen wachsen meist Laubbäume mit flachen Blättern. Sie werfen ihr Laub jedes Jahr ab.

Tropenwälder

In einem Tropenwald ist die Luft heiß und feucht. Es gibt sehr viele Tiere dort. Die Bäume wachsen auf engem Raum.

Wo wachsen die höchsten Bäume der Welt?

Blätter von Bäumen in gemäßigten Zonen wechseln im Herbst oft ihre Farbe.

Zähle die Ringe!

Tiere des Walds

In allen Wäldern gibt es eine erstaunliche Vielfalt von Leben.

Bären ernähren sich meist von Beeren und anderen Früchten.

Pilze kommen in gemäßigten Zonen vor und leben von totem Holz.

Käfer sind wichtige Waldbewohner, sie verwerten vermoderndes Material.

Blumen in Wäldern müssen mit Schatten zurechtkommen.

Kiwis sind flügellose Vögel, die es nur in den Wäldern Neuseelands gibt.

Blattschneiderameisen zerlegen Blätter und züchten einen Pilz darauf, der ihnen als Nahrung dient.

Baumalter
Bäume beginnen jedes Jahr neu zu wachsen, deshalb legen sie immer eine weitere Holzschicht zu. An diesen Ringen kann man ihr Alter abzählen.

Unser Bedarf an Holz hat enorme Auswirkungen auf Wälder.

Baum und Mensch

Menschen roden Wälder seit vielen Tausend Jahren, weil sie Land brauchen. Aber auch das Holz wird benötigt: als Brennstoff, für Gebäude und für Möbel.

Schonende Nutzung
Nur alle neun Jahre wird die Rinde der Korkeiche abgeschält. Man macht daraus Korken für Weinflaschen, Schwimmkörper und Pinnwände.

Interessant!
Auf einem einzigen Baum in Peru zählten Wissenschaftler 43 Ameisenarten. Das ist mehr als ein Drittel der in ganz Deutschland vorkommenden Ameisenarten.

Die Küstenmammutbäume in Kalifornien werden über 100 Meter hoch.

Regenwälder

Tropische Regenwälder
Gemäßigte Regenwälder

Regenwälder gehören zu den feuchtesten Orten der Erde. Hier fallen im Jahr 1800 Millimeter Regen. Deshalb wachsen die Bäume schnell und werden sehr hoch. In Regenwäldern stehen die höchsten Bäume der Welt.

Baumriese

Aus tropischen Regenwäldern steigen Dunstwolken auf, weil die Luft heiß ist und viel Wasser enthält. Kühlt sie sich ab, fällt das Wasser als Regen wieder auf den Boden.

Tropisch oder gemäßigt?

Nicht alle Regenwälder sind heiß und schwül. Es gibt auch kühle, neblige Regenwälder. Die größten Regenwaldzonen findet man in den Tropen, die sich am Äquator wie ein Band um die Erde ziehen. Gemäßigte Regenwälder kommen in kühleren Ländern an der Küste vor.

Die Lunge der Welt

Regenwälder werden manchmal die Lunge der Welt genannt, weil sie riesige Mengen Kohlendioxid aus der Atmosphäre filtern und Sauerstoff produzieren. Dieser Vorgang heißt Fotosynthese. Er verhindert, dass immer mehr Kohlendioxid entsteht und die Erde sich erwärmt.

Wie heißen diese bunten Vögel mit großen Schnäbeln?

Schichten im Regenwald

Tropische Regenwälder werden in vier Schichten unterteilt. In jeder Schicht leben andere Pflanzen und Tiere.

Baumriesen Die höchsten Bäume werden bis zu 55 Meter hoch und beherbergen Adler, Fledermäuse und Schmetterlinge.

Kronendach Diese dichte Laubschicht ist voller Vögel, anderer Tiere und Kletterpflanzen.

Unterholz Kleine Bäume und Sträucher bieten Schutz für Raubtiere und kleinere Lebewesen.

Waldboden Hier ist es am dunkelsten. Pilze zersetzen die toten Pflanzenteile auf dem Waldboden.

Tiere des Regenwalds

In Regenwäldern lebt fast die Hälfte aller Tierarten der Welt. Hier sind einige von ihnen.

Jaguare sind leise Raubtiere. Man kann sie im Dickicht kaum erkennen.

Tukane benutzen ihren Schnabel, um an Früchte und Nüsse zu kommen.

Orang-Utans schwingen sich durch die Wälder Südostasiens.

Laubfrösche verlassen das Kronendach nur selten.

Spinnen sind im Regenwald sehr groß. Manche fressen sogar Frösche.

Schmetterlinge werden von den farbenfrohen Blüten der Tropen angelockt.

Okapis sind scheue Tiere, die tief im afrikanischen Regenwald leben.

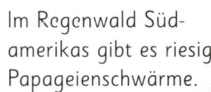

Im Regenwald Südamerikas gibt es riesige Papageienschwärme.

Gefährdet

Im Regenwald leben viele Tier- und Pflanzenarten. Sie sind jedoch in Gefahr, denn Menschen fällen die Bäume, weil sie Holz brauchen oder Felder anlegen möchten. Es können sogar Arten aussterben, die wir noch gar nicht entdeckt haben.

Aras. Sie gehören zu den Papageien.

Nordamerikanische Prärie

Grasland

Stell dir ein Meer aus Gras vor, das sanft im Wind wogt. Am Horizont steht ein Baum und eine Tierherde grast ruhig. Nicht weit weg davon schleicht eine Gruppe großer Raubtiere durch das Gras – sie lassen die Herde nicht aus den Augen. Willkommen in der afrikanischen Savanne!

Landschaft aus Gras

Gräser bedeckten einst einen großen Teil des Landes. Heute gibt es nicht mehr so viel Grasland, weil der Platz für Felder gebraucht wird. Gräser gedeihen dort, wo für Bäume zu wenig und für eine Wüste zu viel Regen fällt.

Grasland ist ein gutes Weideland für Pflanzenfresser.

Zebra

Gnu

Namensvielfalt

Grasland hat in verschiedenen Regionen der Welt unterschiedliche Namen. In Afrika nennt man es Savanne, in Russland Steppe. In Nordamerika bezeichnet man es als Prärie. In Südamerika heißt es Pampa.

Mehr als nur Gras

Grasland ist voller Wildblumen, darunter Sonnenblumen, Klee, Purpur-Sonnenhut, Prachtscharten, Goldruten und Astern.

Präriegräser und Blumen im Custer State Park (USA).

Ein kurzes Feuer ist manchmal sogar gut für Grasland.

Wenn es auf dem Grasland so wenig Bäume gibt, wo bauen Vögel dann ihre Nester?

Gräser

Es gibt sehr viel mehr Gräser, als du dir vorstellen kannst.

Weizen und Gerste Getreide wurde einst aus Gräsern gezüchtet.

Bisongras ist kurz, verträgt Kälte und wächst in den Ebenen Nordamerikas.

Stachelkopfgras bedeckt große Teile des australischen Buschs.

Wiesen-Fuchsschwanz hat Samen, die im Fell von Tieren haften bleiben.

Wiesen-Goldhafer kommt in Ostafrika, Asien und Australien vor.

Tropisches Grasland

Hier ist es das ganze Jahr ziemlich heiß. Auf eine trockene Zeit folgt eine regenreiche Zeit. Die afrikanische Savanne und die südamerikanische Pampa sind tropisches Grasland.

Hin und wieder steht in afrikanischen Savannen ein Baum.

Gemäßigtes Grasland

Typisch dafür sind heiße Sommer und kalte Winter. Regen fällt das ganze Jahr, aber nicht genug, um Sträucher und Bäume wachsen zu lassen. Die russische Steppe und die nordamerikanischen Prärien gehören zum gemäßigten Grasland.

Thomson-Gazelle

Die Nahrung von Gazellen besteht zu 90 Prozent aus Gras.

Feuer!

Feuer sehen zwar zerstörerisch aus, werden aber seit Jahrhunderten benutzt, um abgestorbenes Gras zu beseitigen und Platz für neues Gras zu schaffen.

In Erdhöhlen.

Wüsten

Manche Wüsten sind sehr heiß, andere sehr kalt. Diese drei Merkmale sind aber allen gemeinsam: viel Sonne, viel Wind und sehr wenig Wasser.

Mehr wissen ...
über die lebendige Natur, Seite 42–43
über Erosion, Seite 26–27

Verschiedene Wüsten

Heiße Wüsten können tagsüber extrem heiß werden. Nachts aber fällt die Temperatur unter den Nullpunkt. Das liegt daran, dass es keine Wolken gibt, die die Wärme speichern.

Kalte Wüsten verändern sich mit den Jahreszeiten. Im Sommer sind sie heiß, aber im Winter so kalt, dass tagsüber Schnee fällt.

Küstenwüsten gibt es dort, wo Land und Ozean aufeinandertreffen. Manche Ozeane haben kalte Strömungen, die die Wüste kälter und trockener machen.

Wo kommt der Sand her?

In Wüsten weht starker Wind, weil er nicht durch Bäume gebremst wird. Wind nimmt Sand mit und trägt so die Oberfläche von Gestein ab. Dabei entstehen seltsam geformte Felsen und immer mehr Sand. Es dauert Millionen Jahre, bis der Wind Steine zu Sand gemahlen hat.

Elephant Rock, Nevada (USA)

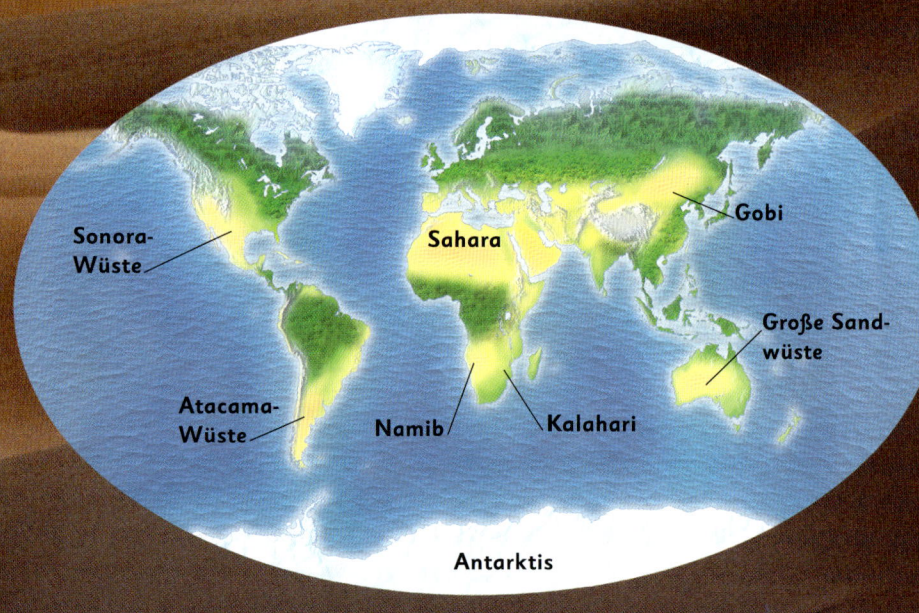

Sonora-Wüste

Sahara

Gobi

Große Sandwüste

Atacama-Wüste

Namib

Kalahari

Antarktis

Wüsten der Welt

Mehr als ein Viertel der Landmasse der Erde besteht aus Wüsten. Viele große Wüsten befinden sich in der Nähe des Äquators. Das ist die gedachte Linie, die um die Mitte der Erdkugel herumführt.

Wie groß ist die Sahara?

Oasen

In heißen Wüsten findet man ab und zu Wasserquellen. Sie werden Oasen genannt. Hier können sogar Pflanzen wachsen. Tiere kommen in Oasen, um zu trinken, Pflanzen zu fressen und Schatten zu finden.

Eine Palme kann weit über 100 Jahre alt werden.

In einer Wüste fallen weniger als 250 Millimeter Regen jährlich.

Die Sahara

Die Sahara ist die größte heiße Wüste der Erde. Sie nimmt fast ganz Nordafrika ein und besteht überwiegend aus Steinen, Kies und Sand. Hier gibt es kaum Pflanzen, weil zu wenig Wasser vorhanden ist, aber auch kaum Tiere, denn es fehlen Pflanzen, von denen sie sich ernähren könnten.

Kamel

Leben in Wüsten

Tiere und Pflanzen in der Wüste haben spezielle Strategien, wie sie trotz Wassermangel überleben.

Kakteen speichern das Wasser in ihren Trieben.

Palmen findet man oft bei Oasen. Sie besitzen nur wenige Blätter.

Fenneks sind Füchse mit großen Ohren, über die sie Wärme abgeben.

Dornteufel haben Stacheln, mit denen die Echse Tauwasser sammelt.

Wüstenspringmäuse kommen nur nachts an die Erdoberfläche.

Menschen leben ebenfalls in Wüsten. Sie ziehen meist umher.

Sie ist fast so groß wie ganz Europa.

Feuchtgebiete

Hast du schon mal einen Sumpf, ein Moor oder auch nur ein ziemlich nasses Stück Land gesehen? Wenn sich Wasser sammelt und nicht ablaufen kann, entwickelt sich ein Feuchtgebiet. 6 Prozent der Landfläche sind Feuchtgebiete.

Das größte Feuchtgebiet der Welt

… ist das Pantanal in Südamerika. Der Name ist vom portugiesischen Wort für Sumpf, *pântano*, abgeleitet. Das Pantanal erstreckt sich über ein riesiges Gebiet.

Das Pantanal

Der Boden im Pantanal wird regelmäßig überflutet.

Wasserschwein

Feuchtgebiete

Es gibt verschiedene Arten von Feuchtgebieten. Du kennst vielleicht einige.

 **Moor** Der Boden steht nicht unter Wasser, ist aber nass. Es wächst viel Moos.

 **Sumpf** Der Boden ist überschwemmt von Salz- oder Süßwasser. Es gibt Bäume.

 **Marschland** Im voll gesogenen Boden wachsen Gräser und Binsen.

 **Flachwasserzonen** Sie kommen oft am Rand von Seen und Teichen vor.

Was lebt dort?

Im Pantanal leben rund 1000 Vogelarten, 400 Fischarten und 300 Säugetierarten, darunter auch das größte Nagetier der Welt, das Wasserschwein.

Der Brillenkaiman kommt in den Feuchtgebieten des Pantanal vor.

Kaiman

Feuchtgebiete können aus Süßwasser,

Kennst du weitere Nagetiere, die in Feuchtgebieten leben?

Naturparadies

Feuchtgebiete sind ein Paradies für wasserliebende Pflanzen und Tiere. Eines der berühmtesten Feuchtgebiete ist das Okavango-Delta in Botsuana in Afrika.

Luftaufnahme vom Okavango-Delta

Leben im Delta
Im Okavango-Delta leben Krokodile, Flamingos und die Letschwe-Antilope. Sie hat sehr lange Hinterbeine, damit sie gut durch Sümpfe laufen kann.

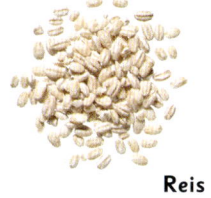

Reis-
pflanze

Reis

Reis besteht aus Samenkörnern. Man kann ihn auf Hügelterrassen anbauen.

Feuchtgebiete und Menschen

Eine der wichtigsten Nutzpflanzen wird in Feuchtgebieten angebaut: Reis. Reis ernährt ungefähr die Hälfte der Weltbevölkerung.

Interessant!

Feuchtgebiete sind erstaunliche natürliche Wasserfilter. Wenn Wasser hindurchfließt, reinigen sie es von Sedimenten und schädlichen Bakterien.

Salzwasser oder Brackwasser bestehen.

Riesenseerosen im brasilianischen Pantanal

Biber, Bisamratte, Biberratte und Sumpfratte.

Ozeane

In den Becken der Erdkruste gibt es fünf Ozeane: Pazifik, Atlantik, Indischer Ozean, Südlicher Ozean und Arktisches Meer.

Arktisches Meer · Nordamerika · Europa · Asien · Atlantik · Afrika · Pazifik · Pazifik · Südamerika · Indischer Ozean · Australien · Südlicher Ozean · Antarktis

Das lebt im Meer!

In den Ozeanen findet man das meiste Leben an den Küsten der Kontinente. Der Ozean besteht aus verschiedenen Zonen.

Gezeitenzone nennt man das Land, das bei Flut im Wasser und bei Ebbe über Wasser liegt. Die Tiere hier leben im Sand oder Schlamm.

Die Schelfzone reicht von 0 bis 200 Meter Tiefe. Hier tummeln sich die meisten Meereslebewesen. Das Wasser bietet viel Nahrung für räuberische Tiere.

Der Kontinentalhang erstreckt sich in 200 bis 2000 Meter Tiefe. Es dringt kaum noch Licht nach unten, ab 1000 Meter ist es völlig dunkel. Pottwale jagen hier Tintenfische.

Die Tiefsee beginnt bei 2000 Meter und reicht bis in 11 000 Meter Tiefe. Das Wasser ist sehr kalt. Trotzdem gibt es noch Lebewesen wie Pelikanaale und Tiefsee-Anglerfische.

Kennst du einige Tiere in der Gezeitenzone?

Am Ende der Nahrungskette

Alles Leben im Meer hängt vom Plankton ab. Diese winzigen Lebewesen treiben im Wasser. Es gibt Phytoplankton (Pflanzen) und Zooplankton (Tiere).

Interessant!

Das Becken des Pazifiks ist riesig. Wenn man alles Land auf der Erde zusammenfügen und ausbreiten könnte, würde es noch immer leicht in dieses Becken passen.

Schwertwal

Seelöwe

Offiziersbarsch

Hering

Zooplankton

Phytoplankton

Mensch und Meer

Menschen nutzen nicht nur das Salz des Meers, sie fischen auch seit Tausenden von Jahren.

Blühendes Plankton

Unter günstigen Bedingungen vermehrt sich Plankton sehr stark und ist sogar auf Satellitenfotos zu sehen.

Kleines Fischerboot

Planktonblüte vor Frankreich

Wie tief?

Die Meere unterscheiden sich in ihrer Tiefe enorm. Am tiefsten ist der eisige Südliche Ozean.

Nordsee
Durchschnittstiefe 94 Meter

Arktisches Meer
Durchschnittstiefe 1050 Meter

Mittelmeer
Durchschnittstiefe 1500 Meter

Karibisches Meer
Durchschnittstiefe 2647 Meter

Atlantischer Ozean
Durchschnittstiefe 3330 Meter

Indischer Ozean
Durchschnittstiefe 3890 Meter

Pazifischer Ozean
Durchschnittstiefe 4280 Meter

Südlicher Ozean
Durchschnittstiefe 4500 Meter

Krabben, Muscheln, Seesterne, Seeigel, Würmer und viele mehr.

In der Erde

Nimm eine Handvoll Erde. Was hast du in der Hand? Gesunder Boden enthält Steine, Mineralien, abgestorbene Pflanzen, viele mikroskopisch kleine (und auch größere) Tiere, Sauerstoff, Bakterien, Pilze und Wasser.

Schichten

Wenn du einen Schnitt durch das Erdreich machen könntest, würdest du sehen, dass es aus mehreren Schichten besteht. Die unterste Schicht ist festes Gestein. Je höher man kommt, desto vielfältiger wird der Boden.

Je fruchtbarer der Boden, desto gesünder die Pflanzen.

Die oberste Schicht heißt Oberboden. Hier gibt es viel Nahrung und zahlreiche Lebewesen.

Der Unterboden darunter ist weniger nährstoffreich.

Hier wird der Boden immer steiniger.

Das feste Gestein wird „Untergrund" genannt.

Ringel, ringel

Regenwürmer sind für einen gesunden Boden wichtig. Sie ernähren sich von abgestorbenen Pflanzen und Tieren und reichern die Erde mit ihrem Kot an. Außerdem graben sie Tunnel, sodass der Boden „atmen" kann.

Wie entsteht neuer Erdboden?

Kompost ist gut!

Warum soll man verrottendes Gemüse in den Komposter werfen? Wenn sich der Abfall zersetzt, gibt er wertvolle Nährstoffe frei, lockt Regenwürmer an und wird zu fruchtbarer Erde für Pflanzen.

Wirf Gemüse- und Eierschalen in den Komposter, aber keine gekochten Reste, denn sie zersetzen sich nicht.

Boden trennen

Boden ordnet sich selbst zu Schichten – probiere es aus. Fülle ein Glas zu zwei Dritteln mit Wasser und gib Erde hinein, bis es fast voll ist. Gut schütteln und dann warten, bis sich die Erde setzt.

Über dem Sand bildet sich eine Schluffschicht.

Die größeren, schwereren Sandkörnchen setzen sich am Boden des Glases ab.

Probier's aus!

Im Boden wimmelt es von Lebewesen. Vergrabe einen leeren Becher so, dass sein Rand mit der Erdoberfläche abschließt. Schau am nächsten Tag, wie viele Tiere hineingefallen sind.

Ein Teelöffel Erde enthält bis zu 1 Milliarde Mikroorganismen.

Bodentypen

Nicht alle Böden sind gleich. Sie setzen sich aus unterschiedlichen Sedimenten zusammen.

Sand Er setzt sich aus größeren Körnern zusammen und fühlt sich rau an.

Schluff Reibt man ihn zwischen den Fingern, fühlt er sich weich an.

Ton Die feinsten Teilchen im Boden. Ton wird klebrig, wenn er nass ist.

Ist der Boden wichtig?

Der Boden ist für den Menschen sehr wichtig. Ohne ihn könnten wir nicht leben, denn wir brauchen Pflanzen als Nahrung. Pflanzen wiederum brauchen Erde zum Wachsen. Mit ihren Wurzeln nehmen sie Wasser aus ihr auf. Außerem halten die Wurzeln die Pflanzen aufrecht.

Pflanzenteile wie Blätter verwittern und werden zersetzt.

Menschen und ihre Welt

In der Geografie geht es nicht nur um natürliche Vorgänge, die unsere Welt formen. Es geht auch um die Menschen.

Beim Tagebau werden riesige Löcher in den Boden gegraben.

Wir verändern die Erde

Der Mensch hat einen großen Einfluss auf die Erde. Wir tragen Berge ab, leiten Flüsse um, holzen Wälder ab und bauen Wolkenkratzer, Dämme, Straßen und Brücken. Alles, was wir tun, wirkt sich auf unsere Erde aus.

Wie der Mensch lebt

Der Mensch kann sich an alle Lebensräume anpassen, von heißen Wüsten bis zu eisigen Ebenen. Um zu überleben, haben wir gelernt, uns zu Gruppen zusammenzuschließen, etwa in Dörfern oder Großstädten.

68

Wo liegt die Antarktis?

Große Vielfalt

Jeder Kontinent ist in Länder unterteilt. Sie unterscheiden sich ebenso voneinander wie die Menschen, die in ihnen leben. Ihre Einwohner haben ihre eigene Kultur, Sprache, Religion und ihre Vorstellungen davon, was es bedeutet, Teil des Landes zu sein.

Niemandsland

Es gibt nur eine Region auf unserer Erde, die nicht in Länder unterteilt ist: die Antarktis. Sieben Länder – Frankreich, Norwegen, Neuseeland, Argentinien, Chile, Australien und Großbritannien – erheben Ansprüche, doch ein Vertrag schützt das Land aber davor, genutzt zu werden.

In der Antarktis gibt es viele Pinguine – und ein paar Wissenschaftler.

Foto-Quiz

Finde in diesem Kapitel die Bilder, aus denen diese Ausschnitte stammen.

Mehr wissen ...

über Länder,
Seite **70–71**
über Feiern,
Seite **100**

Was ist ein Land?

Nordirland

Wenn dich jemand fragt, woher du kommst, was antwortest du – Deutschland, Schweiz, Österreich? Wir leben alle in einer bestimmten Region, die wir Land nennen.

Wie viele Länder gibt es?

Es gibt 196 unabhängige Länder auf der Welt. Das sind Staaten, die eine eigene Regierung haben.

Hauptstädte

Jedes Land hat seine Hauptstadt. Meistens befindet sich der Sitz der Regierung in dieser Stadt. Aber nicht immer ist die Hauptstadt auch die größte oder wichtigste Stadt des Landes.

Wales

An der Grenze

Länder werden durch Grenzen voneinander getrennt. Das können natürliche Grenzen wie zum Beispiel Küsten oder Flüsse sein, aber auch kulturelle Grenzen wie Sprache oder Religion.

Spanien

Berge als Grenze

Gebirgsketten sind klare Grenzen. Die Pyrenäen etwa bilden eine natürliche Barriere zwischen Spanien und Frankreich.

Küsten als Grenze

Küsten sind am leichtesten als Grenze zu erkennen. Ein Stückchen Meer gehört aber noch zu dem jeweiligen Land.

Wie heißt der oben gezeigte Turm mitten in Paris?

Schottland

Es gibt sogar manchmal
Länder in Ländern. Das
Vereinigte Königreich Großbritannien und Nordirland
besteht aus vier Ländern:
England, Schottland, Wales
und Nordirland.

England

Deutschland

Paris

Frankreich

Schweiz

San Marino

In San Marino leben nur 32 000 Menschen.

Winzige Länder

Manche Länder sind nicht größer
als eine mittlere Stadt. Man nennt
sie daher zuweilen Stadtstaaten.
Monaco, Singapur, San Marino und
die Vatikanstadt gehören zu diesen
Zwergen.

Seen als Grenze

Manchmal bilden auch
Seen eine Grenze. Ein Teil
der Grenze zwischen der
Schweiz und Frankreich
führt durch den Genfer See.

Flüsse als Grenze

Ein südlicher Abschnitt
des Rheins bildet die
Grenze zwischen Frank-
reich, Deutschland und
der Schweiz.

Jedes Land hat seine
eigenen Traditionen,
Speisen, Trachten und
Musikstile, die es von
seinen Nachbarn
unterscheiden.

Eiffelturm.

71

Stadt oder Dorf?

Lebst du auf dem Land mit weiten, offenen Flächen darum herum oder in einer Stadt mit vielen Häusern?

Klein angefangen

Vor 1000 Jahren lebten die meisten Menschen auf der Welt in kleinen Siedlungen. Sie waren Bauern und mussten hart arbeiten, um zu überleben.

Halbe-halbe

Heute lebt knapp die Hälfte der Weltbevölkerung in Städten und etwas mehr als die Hälfte auf dem Land. Der Anteil ist aber von Land zu Land unterschiedlich. In vielen afrikanischen Ländern wohnen die meisten Menschen noch in Dörfern, in Europa dagegen in oder in der Nähe von Städten.

Interessant!

Großstädte können mehrere Millionen Einwohner haben, aber es gibt auch kleine Städte. Die kleinste Stadt Deutschlands ist Arnis in Schleswig-Holstein mit nicht einmal 300 Einwohnern.

Welche Stadt hat die meisten Einwohner?

Großbauern

Es gibt viele Menschen, die Äcker und Felder bearbeiten. Aber sie haben leistungsstarke Maschinen, die ihnen helfen. Deshalb sind ihre Felder viel größer als früher – und auch, weil sie große Märkte beliefern müssen: die Städte.

Coober Pedy (Australien)

Heißt „ländlich" also Ackerland?

Nein! Ländliche Gegenden bestehen nicht nur aus Bauernhöfen und Feldern. Es gibt dort auch Wälder, Wiesen oder Ebenen – alles Lebensräume, in denen Menschen leben.

In der Stadt braucht man ein gutes Bahnnetz für den Verkehr.

Irgendwo in der Mitte

Menschen leben häufig in Vororten. Das sind Siedlungen am Rand von Städten. Von dort aus müssen viele zum Arbeiten in die Stadtzentren „pendeln", also morgens hin- und abends zurückfahren.

Tokio hat über 37 Millionen Einwohner.

Leben an der Küste

Jeder fährt gern an den Strand. Doch die Küste ist nicht nur ein Urlaubsort. Küstenstädte sind sehr wichtig für die Industrie und den Handel mit anderen Ländern.

Städte am Meer

Mehr als die Hälfte der Weltbevölkerung lebt an Küsten. Über 70 Prozent der größten Städte befinden sich in der Nähe des Meers – und die Zahl der Menschen und Orte dort wird wohl weiter zunehmen.

Diese Häuser sind gefährdet: Sie können eines Tages ins Meer fallen, denn die Wellen waschen langsam die Klippen fort.

Mehr als 11,5 Millionen Menschen leben in Rio de Janeiro, der größten und beliebtesten Stadt Brasiliens.

Der Rand des Landes

An Küsten treffen Land und Meer aufeinander. Das Land fällt sanft ab oder endet plötzlich in steilen Klippen. Das Wasser hat eine solche Gewalt, dass sich die Form einer Küste von einem Jahr zum nächsten ändern kann.

Welche Stadt in Brasilien wird von den meisten Touristen besucht?

Schiffe spielen eine wichtige Rolle beim Transport von Waren in andere Teile der Welt.

Küstenindustrie

Viele Wirtschaftszweige hängen vom Meer ab. Es gibt sie meist in Städten, wo das Meer tief genug für einen Hafen ist. Fischerei und Schifffahrt sind für zahlreiche Länder eine wichtige Einnahmequelle.

Die Fischerei bietet den Menschen am Meer Arbeit. Was sie fischen, können sie verkaufen.

Touristenattraktion

Die Küste ist ein ausgezeichneter Urlaubsort. Hier können Touristen schwimmen, angeln, Boot fahren oder spazieren gehen. Für sie gibt es außerdem Jachthäfen, Hotels, Läden, Campingplätze und Restaurants.

Menschen an der Küste surfen beizubringen, ist für manche ein Sommerjob.

Der Einfluss des Menschen

Menschen verändern die Küste sehr stark. Sie bauen Häuser und Hotels, baggern den Meeresboden aus und verschmutzen die Umwelt. Das alles kann das empfindliche Ökosystem schädigen und ist auch schlecht für die Menschen, die vom Meer leben.

Mehr wissen ...

über Erosion, Seite **26–27**

über Tourismus, Seite **98–99**

Die Palmeninsel in Dubai ist ein Feriengebiet, das ins Meer gebaut wurde.

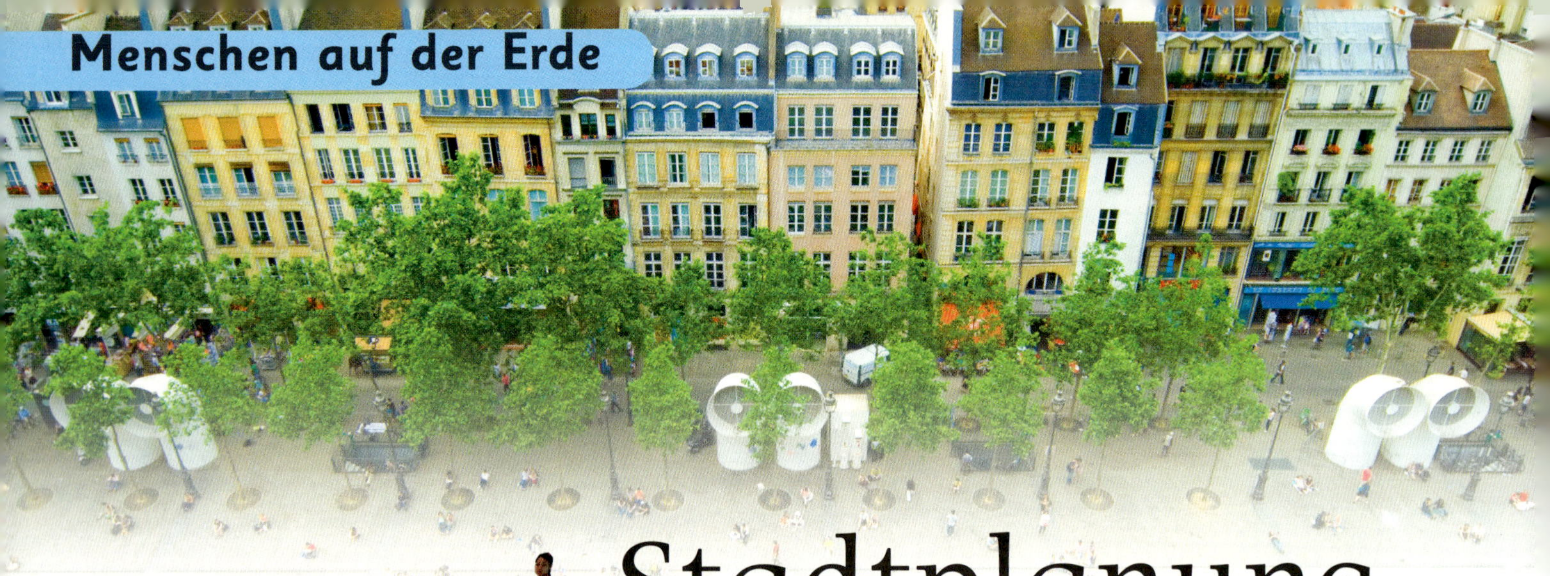

Stadtplanung

Musst du zum nächsten Geschäft oder Arzt lange fahren? Oder kannst du zu Fuß dorthin gehen? Wenn du in der Stadt wohnst, ist es meist kein Zufall, dass alles gar nicht weit weg ist: Es wurde sorgfältig geplant.

Dieses Modell zeigt die Pläne für eine neue Stadt in China.

Hier parken wir

Stadtplaner denken viel darüber nach, wo sie Straßen und Parkplätze bauen. Heute haben die meisten Menschen ein Auto. Einkaufszentren brauchen deshalb Parkplätze. Sie so zu planen, dass alles gut läuft, ist nicht einfach.

Mehrstöckiges Parkhaus

Probier's aus! Entwirf deinen eigenen Plan für eine Stadt. Du wirst merken, dass man über vieles nachdenken muss. Wie groß sollen Gebäude sein? Wie viele Parkplätze braucht man? Viel Spaß!

So soll meine Stadt aussehen!

Was brauchen neue Städte auf jeden Fall?

Wer arbeitet mit?

Bei der Planung einer neuen Stadt müssen alle möglichen Fachleute mitwirken, zum Beispiel:

Umweltplaner schlagen vor, wie man die Umwelt schützen kann, etwa mit Parks.

Architekten entwickeln genaue Zeichnungen, Pläne und 3-D-Modelle für Häuser, Schulen und Büros.

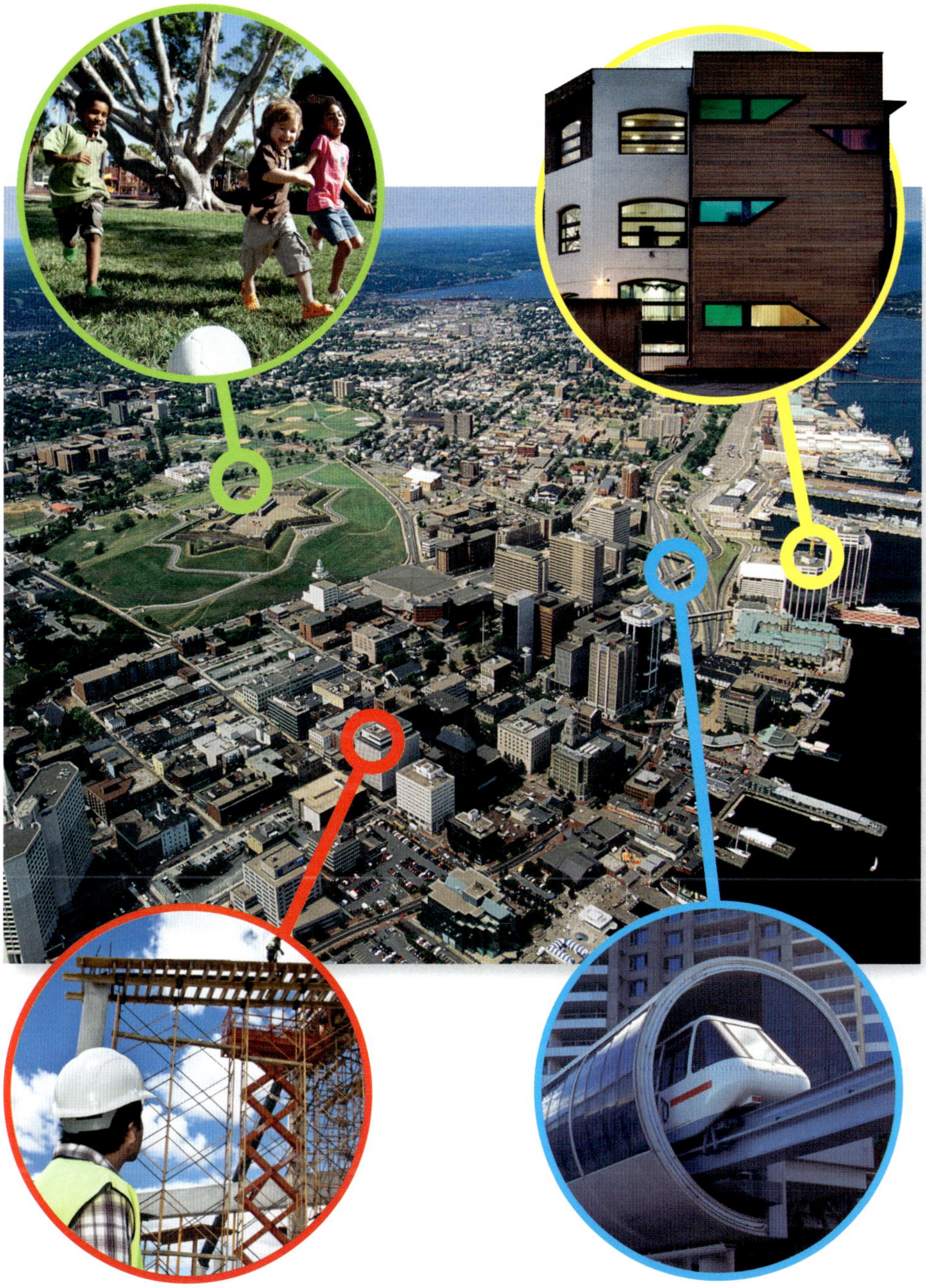

Ingenieure sagen, welche Materialien man braucht, um ein Gebäude sicher und preiswert zu bauen.

Verkehrsplaner entwerfen Verkehrsnetze, sodass die Menschen zur Arbeit oder Schule fahren können.

Jetzt wird geplant!

An all das muss man denken, wenn man eine neue große Stadt plant:

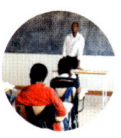

Schulen Kinder brauchen Schulen. Für die Gebäude braucht man Platz.

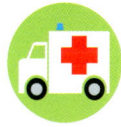

Krankenhäuser Eine Stadtklinik versorgt Tausende Menschen. Großstädte brauchen mehrere.

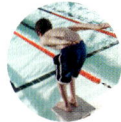

Freizeiteinrichtungen In einem Freizeitzentrum werden viele Sportarten angeboten.

Geschäfte In vielen Städten gibt es Einkaufszentren. Aber auch kleine Läden sind noch beliebt.

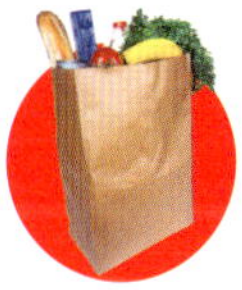

Das wollen wir nicht!

Anwohner sind oft gegen neue Baugebiete in ihrer Nähe. Deshalb dauert es manchmal ziemlich lange von den ersten Planungen bis zur Fertigstellung von Gebäuden.

Für Neubauten muss man viel baggern.

Häuser, Schulen, Krankenhäuser, Arztpraxen, Büros, Freizeitzentren und Geschäfte.

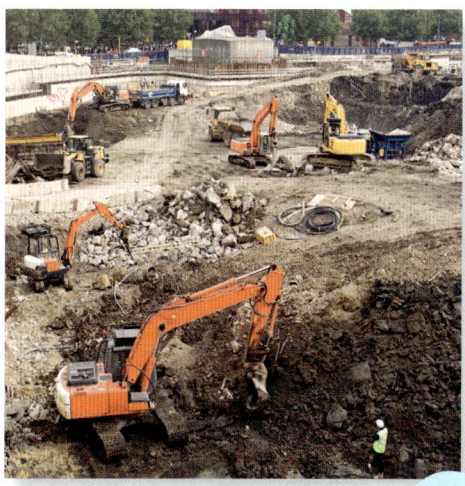

Verkehr

Fährst du mit dem Bus zur Schule? Stammt dein Apfel aus der Region? Ganz gleich, ob Menschen oder Waren transportiert werden, es wirkt sich auf die Welt um uns herum aus.

Wenn viele Menschen Straßen benutzen, kommt es zu Staus.

Auf dem Wasser

Lange vor der Erfindung von Eisenbahnen und Flugzeugen wurden auf Kanälen bereits Waren transportiert.

Auf der Straße

Auf Straßen fahren viele Lastwagen. Sie liefern Waren wie Nahrung oder Kleidung. Menschen brauchen schnelle Verbindungen. Daher verlaufen große Straßen so gerade wie möglich.

Übers Meer

Schiffe gibt es seit Tausenden von Jahren. Sie fahren auf Handelswegen und verbreiten Waren und neue Ideen.

Noch heute transportieren große Schiffe riesige Warenmengen.

Wie schon bei den Römern werden die großen Straßen zwischen Städten so gerade wie möglich gebaut.

Eine gute Kreuzung muss den Verkehr sicher leiten und Staus vermeiden.

Wo findet Verkehr statt?

Große Düsenflugzeuge sieht man am Himmel häufig.

In der Luft

Die Erfindung des Flugzeugs hatte enorme Auswirkungen auf die Verteilung von Waren. Sie werden mit dem Flugzeug häufig über weite Strecken transportiert.

Um 1940 begann man mit dem Transport großer Warenmengen per Flugzeug.

Ein Güterzug ist lang – bis zu 3 Kilometer!

Mit dem Zug

Nicht Flugzeuge befördern am meisten Waren, sondern Güterzüge. Sie transportieren alles Mögliche, von Post und Getreide bis zu Autos und Kohle. In den USA transportieren sie 40 Prozent aller Güter.

Auf der Straße, auf der Schiene, in der Luft und zu Wasser.

Bauwerke

Die Natur hat viele unglaubliche Dinge geschaffen – Höhlen, Felsbögen, Inseln und Seen. Aber Menschen haben die Landschaft mit Bauwerken geprägt, die ebenso erstaunlich sind wie die Natur selbst.

Nur Platz nach oben

Wie bekommt man viele Menschen in ein Gebäude, wenn man nur wenig Bauland hat? Man baut einen Wolkenkratzer. Das höchste Gebäude der Welt ist der Burj Khalifa in Dubai. Hier leben und arbeiten ungefähr 12 000 Menschen.

Der Burj Khalifa ist 828 Meter hoch.

Alte Bauwerke

Nicht alle großartigen Bauwerke sind von heute. Hier einige alte:

 **Die Pyramiden** wurden vor 4500 Jahren in Ägypten errichtet.

 **Der Tadsch Mahal** in Indien ist ein Grabmal aus weißem Marmor.

 **Das Kolosseum** wurde von den Römern 80 n. Chr. für Gladiatorenkämpfe gebaut.

 **Stonehenge** in England ist ein Steinkreis, mit dem man die Sonnenwende feierte.

 **Angkor Wat** in Kambodscha ist ein Hindu-Tempel aus behauenem Sandstein.

Mehr wissen …

über Verkehr, Seite 78–79

über das Leben in Städten, Seite 72–73

Was ist eine Meerenge?

Vehicle Assembly Building

Das größte Gebäude der Welt mit nur einem Stockwerk ist das Vehicle Assembly Building von Cape Canaveral in Florida. Hier werden Raketen und Spaceshuttles gebaut. Das Bauwerk ist so groß, dass es sein eigenes Wetter hat: Im Inneren bilden sich an feuchten Tagen kleine Wolken.

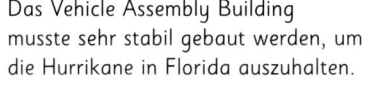

Das Vehicle Assembly Building musste sehr stabil gebaut werden, um die Hurrikane in Florida auszuhalten.

Die „Kristallkathedrale" in den USA

Kristallpaläste

Glas wird oft für den Bau heller, großer Gebäude wie Wolkenkratzer und Flughäfen verwendet. Diese Kirche besteht aus 10000 Glasscheiben, hält aber ein starkes Erdbeben aus.

Die Millau-Brücke in Frankreich scheint über den Wolken zu schweben.

Brücken

Brücken werden gebaut, um größere Land- und Wasserflächen zu überqueren. Die Hängebrücke mit der längsten Stützweite ist die Akashi-Kaikyo-Brücke. Der Abstand zwischen ihren beiden Pfeilern beträgt 1991 Meter. Den Rekord als höchste Brücke hält die Millau-Brücke in Frankreich mit 343 Metern.

Die Akashi-Kaikyo-Brücke verbindet die japanischen Inseln Honshu und Awaji. Sie überspannt die Akashi-Meerenge, die an dieser Stelle fast 6,5 Kilometer breit ist.

Ein schmaler Wasserkanal.

Orte im Wandel

Die Landschaft um uns herum wandelt sich ständig.
Mit der Zeit haben die Menschen ihre Lebensräume
durch den Bau von Städten und Fabriken verändert.
Sie haben Wälder gerodet und Felder angelegt.
Und immer hinterlassen sie Spuren.

Diese Kirchenruine liegt normalerweise unter dem Wasserspiegel eines Stausees in Spanien.

Vergrabene Spuren

Schaut man von einem
Hubschrauber oder Flug-
zeug aus auf die Erde,
erkennt man oft, wie die
Landschaft früher aus-
sah. Manchmal kann
man sogar die Reste alter
Gebäude im Boden sehen.

Unter Wasser

Stauseen sind künstliche Seen, die als Wasserspeicher
dienen. Oft muss dazu ein Flusstal mit einem Damm
versperrt werden, damit es überflutet wird.
Dörfer in diesem Tal versinken
im Wasser, tauchen aber
wieder auf, wenn der
Wasserspiegel fällt.

Die Chinesische Mauer ist

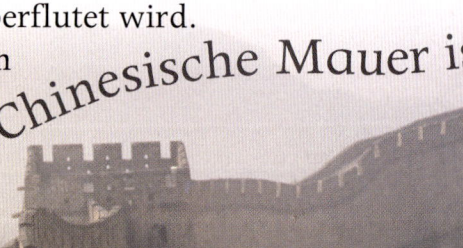

Chinesische
Mauer

Die Chinesische Mauer
bildete einst die Grenze
zwischen China und
Ländern im Norden.

Wie heißt die Mauer, die die Römer in Süddeutschland errichteten?

Pompeji und Herculaneum wurden während der Zeit des Römischen Reichs völlig zerstört, als der Vesuv ausbrach und die Städte unter Asche begrub.

Spuren der Vergangenheit

An jedem Ort, an dem Menschen gelebt haben, finden sich noch ihre Spuren. Unterschiedliche Häuser zeigen, wie und wann eine Stadt sich ausdehnte. Straßennamen wie Kirchweg oder Bäckergasse erinnern an einstige Bauwerke oder Betriebe.

Verschwundene Orte

Manchmal verschwinden Siedlungen völlig, etwa weil Kriege, Hungersnöte und Krankheiten die Menschen vertreiben. Auch Naturkatastrophen wie Erdbeben oder Fluten können Städte vernichten.

Dieses Ladenschild wurde aus der Asche von Pompeji ausgegraben.

Schau dich einmal in einer Stadt um. Du wirst sehen, dass die Gebäude nicht alle gleich alt sind.

8850 Kilometer lang.

Grenzen verändern sich

Wie hat dein Land vor 100 oder 1000 Jahren ausgesehen? Wahrscheinlich haben sich die Grenzen ganz schön verändert – entweder durch Eroberungen oder Verträge mit Nachbarländern. Versuche eine alte Landkarte zu finden und vergleiche die Grenzen dort mit denen auf einer modernen Karte.

Mehr wissen …
über Grenzen, Seite 70–71
über Stadtplanung, Seite 76–77

Landverbrauch
Rund die Hälfte der Landfläche wurde bereits vom Menschen verändert – durch Land- und Waldwirtschaft, Industrie und den Bau von Gebäuden.

Menschenplanet

In jeder Minute gibt es auf der Welt 255 Geburten und 100 Todesfälle. Was bedeutet das? Die Menschheit wächst. Jedes Jahr leben ungefähr 74 Millionen Menschen mehr auf der Welt.

Mehr wissen …
über Stadtplanung, Seite 76–77
über Sprachen, Seite 86–87

Bevölkerung und Geografie

Wo Menschen leben, beeinflussen sie die Welt um sich herum – vor allem, wenn sie in die großen Städte strömen. Die Ballungszentren locken sie an, weil man hier leichter Arbeit findet.

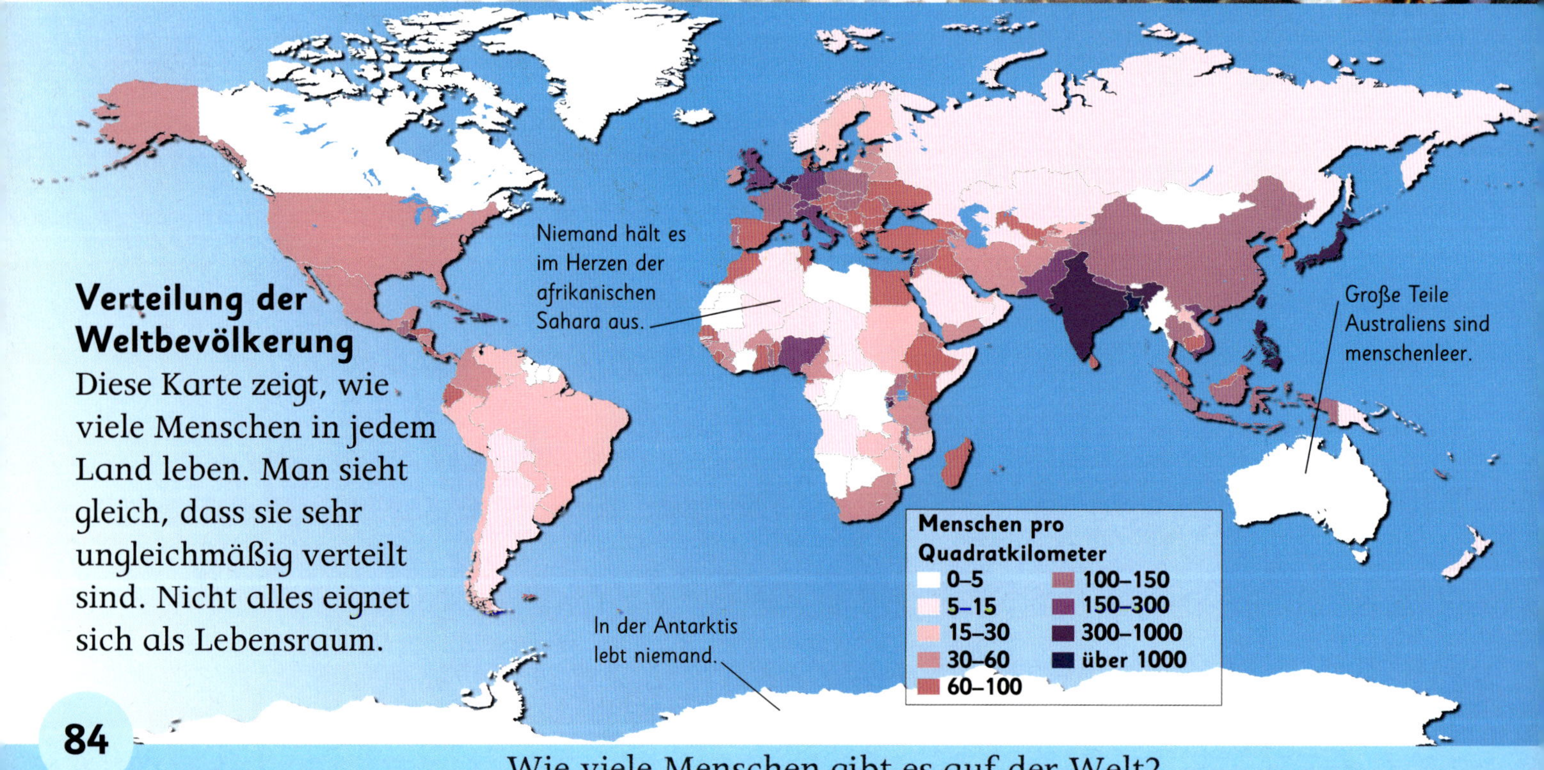

Verteilung der Weltbevölkerung

Diese Karte zeigt, wie viele Menschen in jedem Land leben. Man sieht gleich, dass sie sehr ungleichmäßig verteilt sind. Nicht alles eignet sich als Lebensraum.

Niemand hält es im Herzen der afrikanischen Sahara aus.

Große Teile Australiens sind menschenleer.

In der Antarktis lebt niemand.

Menschen pro Quadratkilometer

0–5	100–150
5–15	150–300
15–30	300–1000
30–60	über 1000
60–100	

Wie viele Menschen gibt es auf der Welt?

Wie lange leben Menschen?

Die Lebenserwartung eines Menschen ist von Land zu Land sehr unterschiedlich und hängt vom Gesundheitssystem, der Ernährung und davon ab, ob es genug Wasser gibt.

Ungefähr ein Sechstel der Weltbevölkerung hat kein sauberes Wasser.

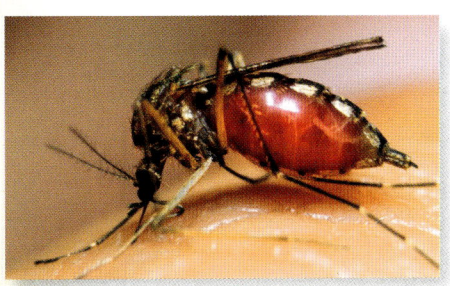

Sehr viele Menschen sterben an der Krankheit Malaria. Sie wird von Stechmücken übertragen.

Bevölkerungswachstum

Die Bevölkerung wächst schneller als früher, weil die Ernährung und Gesundheitsvorsorge besser werden. Dadurch sinkt die Zahl der Sterbefälle. Die Menschen leben länger und Kinder haben bessere Überlebenschancen.

Seit sich die Gesundheitsvorsorge verbessert hat, steigt die Weltbevölkerung stark an.

Weltbevölkerung in Milliarden

7
6
5
4
3
2
1
0

| 1100 | 1200 | 1300 | 1400 | 1500 | 1600 | 1700 | 1800 | 1900 | 2000 |

Jahr

2010 gab es auf der Erde fast 7 Milliarden Menschen.

Sprachen der Welt

Wie viele Sprachen sprichst du?
Eine, zwei oder sogar drei?
Wusstest du, dass es fast
7000 anerkannte
Sprachen auf
der Welt
gibt?

Wer spricht was?

Man kann auf Karten zeigen, was
in welchem Land Hauptsprache
ist. Aber die gezeigten Sprachen
werden auch anderswo gesprochen. Zudem sprechen Millionen
Menschen zwei oder mehr Sprachen.

In Kanada sprechen
die Bewohner der
Provinz Québec
überwiegend
Französisch.

Die Karte kann nicht alle Sprachen
zeigen, die in einem Land gesprochen
werden – aber die, die von den meisten
gesprochen oder verstanden werden.

**Millionen
Menschen**

900
800
700
600
500
400
300
200
100

Interessant!

In den nächsten 100
Jahren wird wahrscheinlich
die Hälfte der Sprachen verschwinden. Viele werden von
nur wenigen Menschen
gesprochen, deren Kinder
sie nicht mehr lernen.

Mandarin-
Chinesisch
Spanisch
Englisch
Hindu/Urdu
Arabisch
Bengalisch
Portugiesisch
Russisch
Japanisch
Deutsch
Javanisch
Panjabi

Gesprochene Sprache

Dieses Schaubild zeigt die Sprachen,
die von den meisten Menschen als
erste Sprache gesprochen werden.

Schau dir das Schaubild an: Wie viele Millionen Menschen sprechen Mandarin?

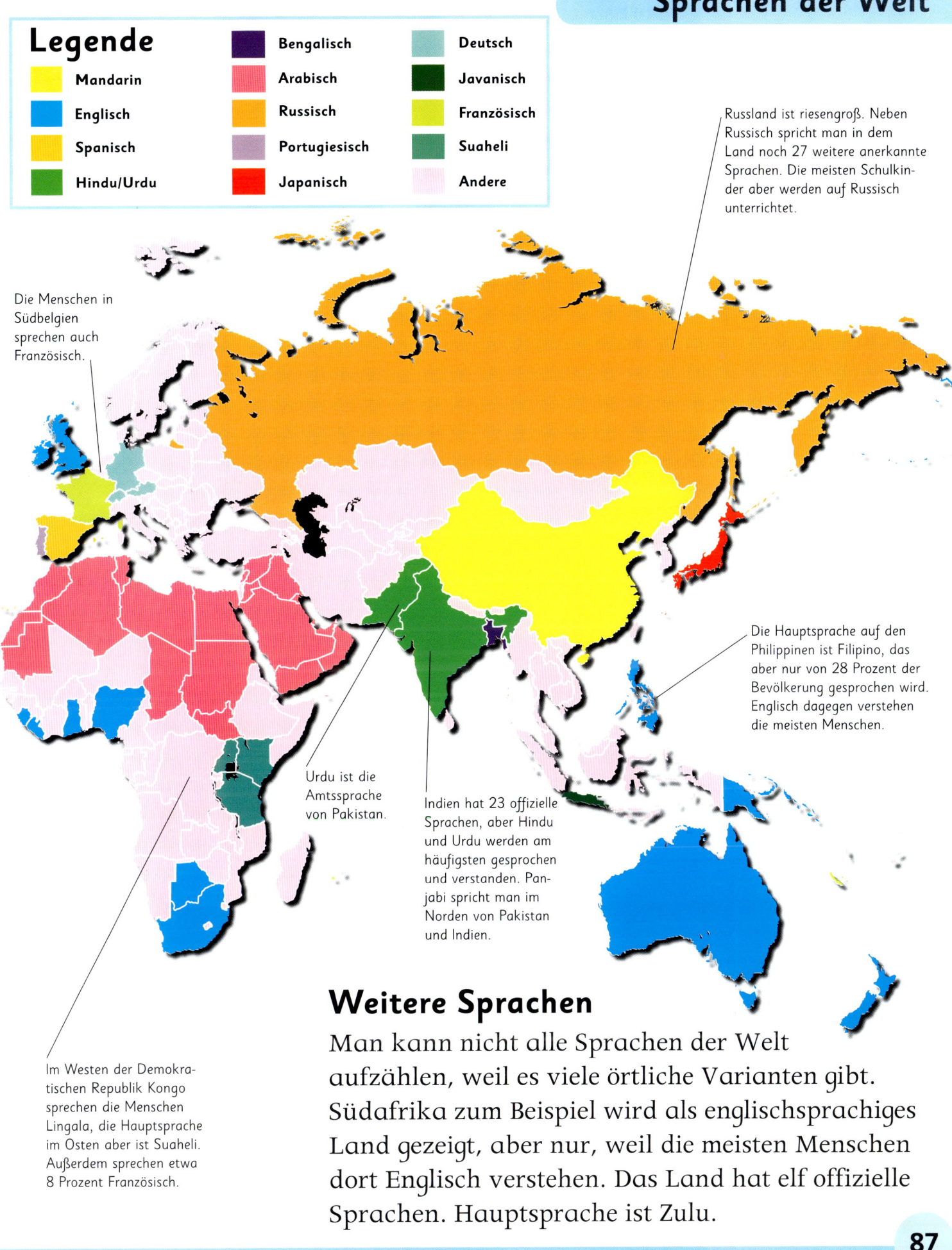

Legende

- **Mandarin** (gelb)
- **Englisch** (blau)
- **Spanisch** (goldgelb)
- **Hindu/Urdu** (grün)
- **Bengalisch** (dunkelviolett)
- **Arabisch** (rosa)
- **Russisch** (orange)
- **Portugiesisch** (hellviolett)
- **Japanisch** (rot)
- **Deutsch** (hellgrün/türkis)
- **Javanisch** (dunkelgrün)
- **Französisch** (hellgrün)
- **Suaheli** (grün)
- **Andere** (hellrosa)

Russland ist riesengroß. Neben Russisch spricht man in dem Land noch 27 weitere anerkannte Sprachen. Die meisten Schulkinder aber werden auf Russisch unterrichtet.

Die Menschen in Südbelgien sprechen auch Französisch.

Die Hauptsprache auf den Philippinen ist Filipino, das aber nur von 28 Prozent der Bevölkerung gesprochen wird. Englisch dagegen verstehen die meisten Menschen.

Urdu ist die Amtssprache von Pakistan.

Indien hat 23 offizielle Sprachen, aber Hindu und Urdu werden am häufigsten gesprochen und verstanden. Panjabi spricht man im Norden von Pakistan und Indien.

Im Westen der Demokratischen Republik Kongo sprechen die Menschen Lingala, die Hauptsprache im Osten aber ist Suaheli. Außerdem sprechen etwa 8 Prozent Französisch.

Weitere Sprachen

Man kann nicht alle Sprachen der Welt aufzählen, weil es viele örtliche Varianten gibt. Südafrika zum Beispiel wird als englischsprachiges Land gezeigt, aber nur, weil die meisten Menschen dort Englisch verstehen. Das Land hat elf offizielle Sprachen. Hauptsprache ist Zulu.

Schätzungsweise 880 Millionen Menschen sprechen Mandarin als erste Sprache.

Ressourcen

Jedes Land braucht Güter, die es gegen Geld oder andere Waren eintauschen kann. Was von Natur aus in einem Land vorhanden ist, nennt man „Ressourcen".

Bodenschätze

Bodenschätze sind Materialien, die im Erdreich vorkommen und durch Berg- oder Tagebau herausgeholt werden müssen. Die nützlichsten sind Metalle wie Eisen und Kupfer.

Salz ist ein Mineral, das in der ganzen Welt abgebaut, also aus dem Boden geholt wird.

Nahrungsmittel

Die Landschaft und das Klima eines Landes eignen sich für den Anbau und die Produktion bestimmter Nahrungsmittel wie Getreide oder Fleisch.

Vieh wird gezüchtet, weil man Fleisch, Milch und Leder braucht.

Holz

Bäume sind in manchen Teilen der Welt eine wichtige Ressource. Sie werden angebaut, um sie als Baumaterial oder Rohstoff für die Papierherstellung zu nutzen.

Lastwagen mit Baumstämmen, die zu einem Sägewerk transportiert werden sollen.

Wasser

Wasser ist wichtig. Man braucht es zum Trinken und Bewässern von Feldern, aber auch zur Erzeugung von Strom. Die Industrie benötigt ebenfalls Wasser.

Es gibt zwar genug Wasser auf der Erde, doch manche Länder haben mehr als andere.

Energie

Kohle, Öl und Gas sind fossile Brennstoffe. Sie werden zur Erzeugung von Wärme und Strom verwendet. Manche Länder haben viele dieser Rohstoffe und verkaufen sie.

Einige Länder nutzen den Wind und die Sonne als Energiequellen.

Menschen

Die wertvollste Ressource eines Landes sind seine Menschen. Sie können eine sehr gute Ausbildung haben und neue Dinge produzieren oder sie dienen als Arbeitskräfte.

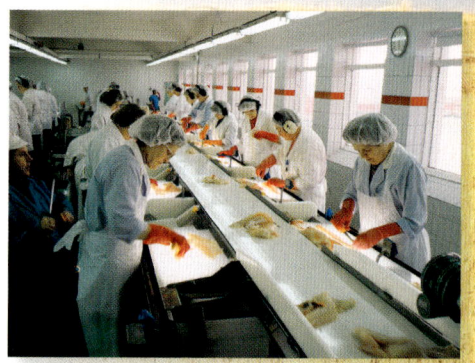

Viele Fabriken brauchen Arbeiter. Jeder dort hat eine Spezialaufgabe.

Aus welchen beiden Metallen stellt man Schmuck meistens her?

Riesige Maschinen übernehmen die Arbeit vieler Menschen. Arbeiten wie das Ernten auf den Feldern gehen mit ihnen viel schneller. In weniger entwickelten Ländern muss dagegen oft noch von Hand geerntet werden.

Wirtschaft

Der Reichtum eines Landes hängt davon ab, was dort produziert und verkauft wird. Ein Land kann Bergwerke haben, weil sein Boden viele Edelsteine enthält, ein anderes eignet sich für den Ackerbau.

Nordamerika

Die USA produzieren u. a. Weizen, Eisen, Stahl, Elektronik und Autos.

Kanada ist der größte Exporteur von Holz (meist Bauholz).

Mexiko hat viele Erdgas- und Kohlevorkommen.

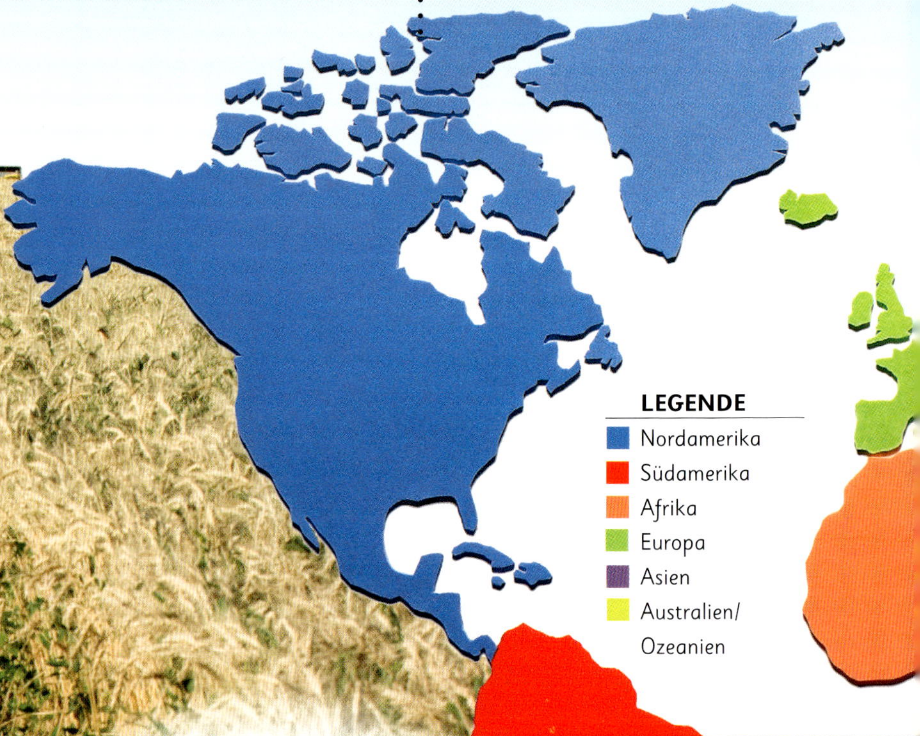

LEGENDE
- Nordamerika
- Südamerika
- Afrika
- Europa
- Asien
- Australien/ Ozeanien

Südamerika

Brasilien produziert ein Viertel des Kaffees auf der Welt.

Ecuador hat das ideale Klima für den Anbau von Tomaten und Bananen.

Argentinien ist ein großer Fleischerzeuger.

Was macht ein Land, wenn es Waren „exportiert"?

Asien

Saudi-Arabien, der Irak und Kuwait haben Öl und Erdgas.

Japan ist weltweit für seine Technologie bekannt.

Indien und China stellen Autos, Kleidung und Elektronik in großen Mengen her.

Tokio ist Sitz der weltweit größten Börse. Dort wird mit Aktien gehandelt.

Europa

Deutschland ist für seine Auto- und Hightech-Industrie bekannt.

Finnland und Schweden haben viel Wald und exportieren Holz.

Norwegen und Island fischen.

Ozeanien

Neuseeland exportiert Wolle, Fleisch und Milchprodukte von Schafen und Rindern.

Australien hat viel Eisenerz, Zinn, Silber, Kohle und Diamanten.

Papua-Neuguinea fördert Kupfer und Gold.

Afrika

Der Kongo und Sambia fördern Mineralien.

Namibia besitzt gute Kupfer- und Zinnquellen.

Nigeria, Algerien und Libyen haben große Öl- und Erdgasvorkommen.

Südafrika besitzt viele Gold- und Diamanten-minen.

Es verkauft sie in andere Länder.

Arbeit

Arbeit ist ein wichtiger Teil des täglichen Lebens. Mit ihr verdient man Geld, um eine Familie zu ernähren und sich etwas kaufen zu können. Arbeit trägt auch zum Reichtum eines Landes bei.

Arten von Arbeit

Vom Entwicklungsstand eines Landes hängt es ab, welche Arbeit die Menschen leisten. In weniger entwickelten Ländern müssen sie einfache, schlecht bezahlte Arbeit annehmen. In Industrieländern gibt es mehr Arbeiter, die eine gute Ausbildung haben.

Arbeit vor Ort

Viele Menschen arbeiten, indem sie die natürlichen Ressourcen ihrer Heimat nutzen. Dazu gehören Landwirtschaft und Bergbau.

Ziegelproduktion findet oft dort statt, wo Tonerde vorkommt.

Forstwirtschaft – Sägewerke befinden sich meist in der Nähe von Wäldern.

Bergbau wird überall dort betrieben, wo es Bodenschätze gibt.

Menschen ziehen oft

Der Anbau und die Ernte von Reis ist harte Arbeit, liefert aber Nahrung für viele Menschen.

Welches harte schwarze Mineral wird als Brennstoff genutzt?

Herstellung

Rohstoffe kann man zu etwas Besserem verarbeiten. In Fabriken macht man zum Beispiel aus Eisen Stahl und aus Öl Kraftstoffe. So entstehen viele Dinge, die wir für unseren Alltag brauchen.

Kleidung und Stoffe fertigt man aus Rohstoffen wie Baum- und Tierwolle.

Benzin entsteht aus Rohöl und dient zum Antrieb von Fahrzeugen.

Haushaltsgegenstände sind zum Beispiel Töpfe, Pfannen und Möbel.

Dienstleistungen

Arbeiten heißt nicht immer, dass etwas hergestellt wird. Die Wirtschaft braucht auch Transportunternehmen, Buchhalter und Lieferanten. Menschen nutzen auch die Dienste von Handwerkern oder Verkäufern.

Banken verwalten Geld von Unternehmen, etwa indem sie Lohn überweisen.

Architekten entwerfen Gebäude, die als Wohn- oder Bürohaus dienen.

In **Buchläden** kann man Bücher ansehen, bevor man sie kauft.

Der Staat muss für Arbeitsplätze sorgen, die allen Einwohnern nutzen.

Arbeit für den Staat

Man kann auch für den Staat arbeiten, zum Beispiel in Schulen, Krankenhäusern oder Ämtern. Die Menschen, die in solchen öffentlichen Einrichtungen arbeiten, werden von den Steuern bezahlt.

in eine andere Stadt, um Arbeit zu finden.

Kohle.

Handel

Jedes Land muss Geld verdienen, um seine Menschen ernähren zu können. Dazu muss es seine natürlichen Ressourcen verkaufen oder Dienstleistungen anbieten, für die andere zahlen.

Märkte sind ein guter Ort, um in der Umgebung hergestellte Waren zu verkaufen.

Welthandel

Gehandelt werden kann auf lokaler, nationaler und globaler Ebene.

Lokal

Ein Milchbetrieb stellt Käse her und verkauft ihn über Läden und Märkte in der näheren Umgebung.

National

Der Milchbetrieb verkauft Käse an ein Unternehmen, das ihn an Läden im ganzen Land schickt.

Global

Der Milchbetrieb gehört zu einem internationalen Unternehmen, das den Käse auf der ganzen Welt verkauft.

Können wir tauschen?

Die natürlichen Ressourcen sind nicht gleichmäßig verteilt. Im Nahen Osten gibt es viel Öl, aber wenig Äcker für den Anbau von Getreide. Also verkaufen die Länder dort ihr Öl, um sich Nahrung kaufen zu können.

Welche Produkte sind weltweit am begehrtesten?

Handelspartner

Kein Land der Welt ist völlig unabhängig – jedes muss von anderen Ländern Dinge kaufen, die es braucht. Länder verkaufen, was sie am besten herstellen können, und kaufen, was sie nicht selbst machen können.

Mehr wissen ...
über Wirtschaft, Seite **90–91**
über Ressourcen, Seite **88–89**

Fische vom Polarkreis werden in die ganze Welt geschickt.

Fisch

Orangen wachsen in warmen Ländern am besten.

Orangen

Bananen

Im tropischen Klima von Mittelamerika wachsen Bananen gut.

Kolumbien ist ein Haupterzeuger von Blumen.

Blumen

Fairer Handel

Erzeuger in Entwicklungsländern können ihre Produkte oft nur schwer im Ausland verkaufen. Es gibt Organisationen, die dafür sorgen, dass die Arbeiter in diesen Ländern faire Löhne und einen guten Preis für ihre Waren erhalten.

Waren aus fairem Handel sind überwiegend landwirtschaftliche Produkte wie Tee, Kaffee, Zucker, Fruchtsaft, Baumwolle und Nüsse.

Öl, Kaffee, Stahl, Gold und Weizen.

Abfall

Was wir nicht mehr brauchen, ist Abfall. Das können kaputte Gegenstände sein oder Materialien, die bei der Herstellung von Dingen übrig geblieben sind. Was geschieht damit?

Mehr wissen ...

über den Schutz der Erde, Seite **40–41**

über Ressourcen, Seite **88–89**

Aus den Augen, aus dem Sinn?

Jedes Jahr landen Millionen Tonnen Müll auf Deponien oder werden vergraben. Damit werden wir Abfall schnell los. Aber die beste Lösung ist das nicht.

Der Platz für Deponien wird knapp. Doch der meiste Abfall kann wiederverwertet oder kompostiert werden.

Wie heißt das Tier im Bild rechts, um dessen Maul sich Plastik gewickelt hat?

Recyceln

Das Recycling von Abfall reduziert die Müllmenge, schützt die Umwelt und spart Energie. Viele Materialien können wiederverwertet werden, von Plastik bis Metall.

Kompostieren

Statt Küchen- und Gartenabfälle in die Mülltonne zu werfen, kann man sie in Nahrung für Pflanzen verwandeln: Auf dem Komposthaufen werden sie zu gutem Humus.

Verbrennen

Manche Abfälle werden verbrannt. Das verringert die Menge, die auf Deponien landet. Außerdem kann man damit noch Energie für Licht und Heizung gewinnen.

Den Müll zu trennen ist ganz einfach.

Zum Kompostieren eignen sich Teebeutel, rohes Obst, Gemüse und Kartons.

Beim Verbrennen von Abfällen entstehen jedoch schädliche Stoffe.

Ein Meer aus Müll

Jedes Jahr werden Unmengen Plastik hergestellt. Ungefähr ein Zehntel davon landet im Meer, wo es sich in ruhigeren Gewässern sammelt. Eine solche Zone ist der „Müllstrudel" im Norden des Pazifischen Ozeans.

Viele Meerestiere halten schwimmende Plastikteile für Futter. Sie können sich außerdem in weggeworfenen Netzen verfangen.

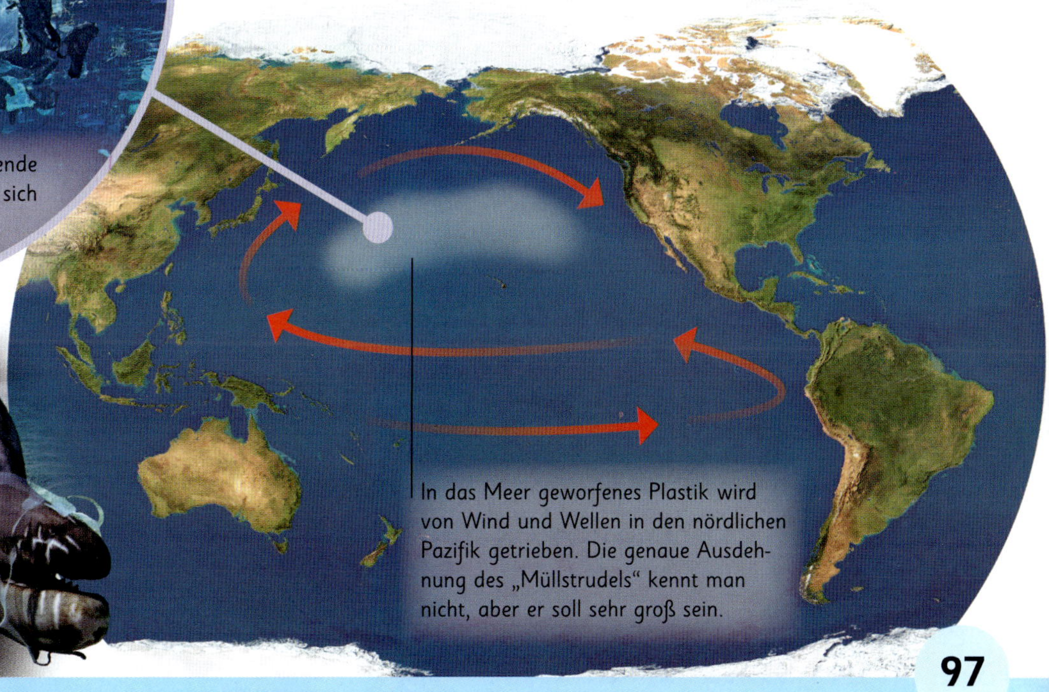

In das Meer geworfenes Plastik wird von Wind und Wellen in den nördlichen Pazifik getrieben. Die genaue Ausdehnung des „Müllstrudels" kennt man nicht, aber er soll sehr groß sein.

Urlaub

Fremde Orte zu besuchen macht viel Spaß. Selbst wenn man nicht weit weg reist, hat man schon Gelegenheit, etwas Neues zu entdecken – zum Beispiel eine neue Kultur, neues Essen oder einen neuen Lebensstil.

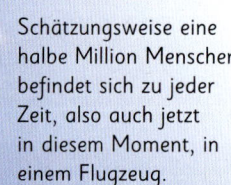

Schätzungsweise eine halbe Million Menschen befindet sich zu jeder Zeit, also auch jetzt in diesem Moment, in einem Flugzeug.

Geldsegen

Der Tourismus ist für viele Länder eine wichtige Einnahmequelle. Wer reist, gibt Geld für Flüge, Fahrten, Unterkunft und Unterhaltung aus. Außerdem kauft er am Urlaubsort ein. Für Inseln ohne viele natürliche Ressourcen, aber mit reichlich Sonne und Sandstränden ist Tourismus wichtig.

Schade, dass du nicht dabei bist!

Geschäftsreisen

Nicht alle Reisen werden zum Spaß unternommen. Viele Geschäftsleute müssen häufig in andere Länder fliegen. Gute Verkehrsverbindungen, Restaurants und Hotels sind Geschäftsreisenden wichtiger als Strände und Freizeiteinrichtungen.

Wo kannst du auf einem Kamel reiten, wie auf dem Foto gezeigt?

Spaß für alle

Urlaubsreisen konnten sich früher nur Wenige leisten. Mittlerweile gibt es preiswerte Möglichkeiten wegzufahren, etwa mit dem Flugzeug oder der Bahn. Deshalb können heute viele Menschen reisen – ob zum Vergnügen oder für ihre Arbeit.

Zum Staunen!

Auch jetzt in diesem Moment sind Millionen Menschen im Urlaub!

Eine Fahrt mit der Transsibirischen Eisenbahn durch ganz Russland dauert 8 Tage.

Die Länder mit den meisten Touristen sind Frankreich, die USA, Spanien, China und Italien.

Die meistbesuchten Städte der Welt heißen Paris, London, Kuala Lumpur, Singapur und New York.

Weltraumtourismus ist vielleicht bald möglich – aber für die meisten Menschen wohl zu teuer.

Zu schnelles Wachstum

Der Tourismus bringt auch Probleme mit sich. Wenn ein Feriengebiet beliebt ist, breitet es sich manchmal zu schnell aus. Das wirkt sich auf die Umgebung aus, weil Bauland gebraucht wird. Außerdem steigt die Nachfrage nach Energie, Wasser und Verkehrsverbindungen.

Manchmal werden Einheimische vertrieben, weil Platz für den Tourismus gebraucht wird. Sie müssen dann an einem anderen Ort leben.

Mal was anderes

Viele Touristen wollen heute etwas Besonderes erleben. Wenn sie ein Hobby haben oder sich für etwas sehr interessieren, können sie ihren Urlaub auch damit ausfüllen. Zu diesen Arten von Aktivurlaub gehört etwa Sport treiben, Tiere beobachten oder bei archäologischen Ausgrabungen mithelfen.

Manche reisen gern in Länder, in denen sie Tiere beobachten können, die es in ihrem Land nicht gibt.

Zum Beispiel in Nordafrika oder im Nahen Osten, das Foto wurde in Syrien gemacht.

Lasst uns feiern!

Menschen feiern aus religiösen und historischen Gründen – oder auch einfach, weil sie sich über den Frühling freuen!

Neujahrsfest

Das Neujahrsfest ist in China ein wichtiges Fest. Es dauert 15 Tage. In dieser Zeit isst man besondere Speisen, tauscht Geschenke aus und nimmt an Umzügen teil.

Passah

Dieses jüdische Fest dauert 7 oder 8 Tage. Gefeiert wird der Auszug der Israeliten unter Moses aus Ägypten.

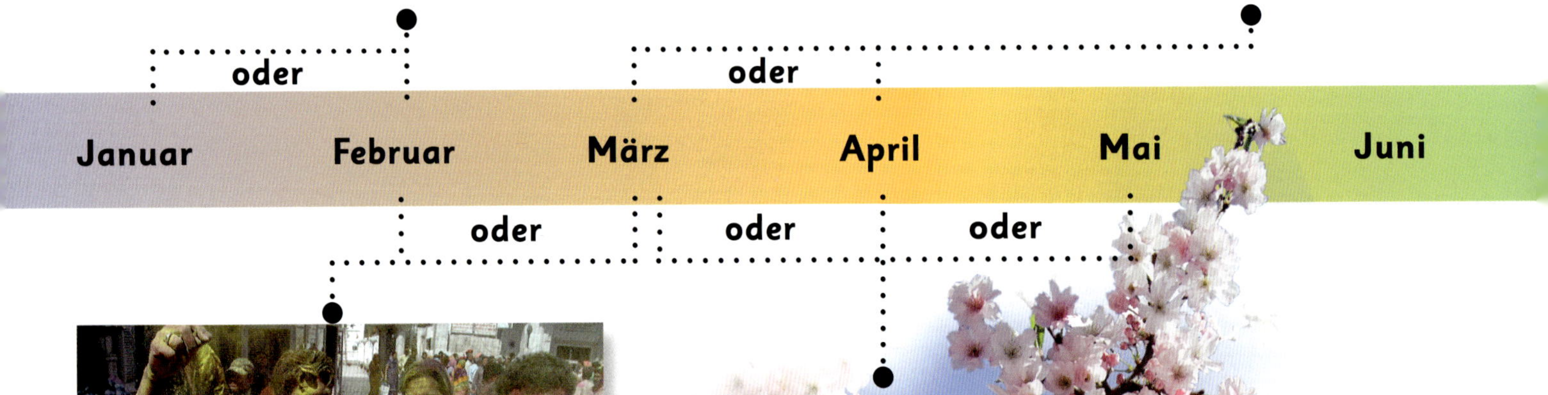

oder		oder	
Januar	**Februar**	**März**	**April**	**Mai**	**Juni**

oder · oder · oder

Holi

Jedes Frühjahr feiern die Hindu und Sikh Holi. Sie werfen gefärbten Puder und Wasser in die Luft.

Kirschblütenfest

Mit diesem berühmten Fest feiert Japan die Schönheit der Kirschblüte im Frühjahr.

Was feiern viele Menschen jedes Jahr?

Eid ul Fitr
Damit feiern die Muslime das Ende des Fastenmonats Ramadan. Es dauert 3 Tage und beginnt mit einem Gebet. Dann beginnt ein großes Fest.

Diwali
Mit Diwali, dem „Lichterfest", feiern Hindu-Familien den Sieg des Guten über das Böse. Sie zünden Öllampen an und tauschen Süßigkeiten aus.

Weihnachten
Christen feiern mit diesem Fest die Geburt Jesu. Sie tauschen Geschenke aus und schreiben sich Karten.

oder

Juli	August	September	Oktober	November	Dezember

oder

Mondfest
Länder in Ostasien feiern dieses Fest anlässlich der Ernte. Seine Ursprünge reichen über 3000 Jahre zurück.

Tag der Toten
An diesem Tag, so glauben die Menschen in Mexiko, kehren die Seelen Verstorbener einen Tag lang zurück.

Thanksgiving
Das Fest findet in den USA am vierten Donnerstag im November und in Kanada am zweiten Montag im Oktober statt. Familien feiern damit die erste gute Ernte, die europäische Siedler in Amerika einst hatten.

Den Geburtstag.

Die wunderbare Welt der Karten

Hast du schon einmal eine Landkarte benutzt? Man findet damit leichter ans Ziel, vor allem, wenn man in eine unbekannte Gegend kommt.

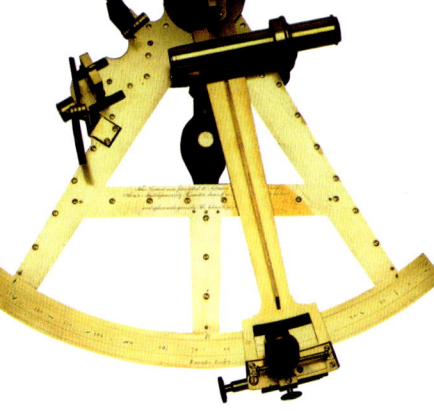

Noch heute benutzen manche Seeleute Sextanten, um den Winkel zwischen Horizont und der Sonne oder einem Stern zu messen.

Auf dieser Karte ist die Ostküste der USA zu sehen. Vergrößert man das kleine Rechteck unten rechts, bekommt man die Karte rechts.

Was ist eine Karte?

Eine Karte ist wie ein Foto aus der Luft, aber in gezeichneter Form. Man kann sehen, wie die Landschaft von oben aussieht. Es gibt die unterschiedlichsten Arten von Karten, von Straßen- über See- bis hin zu Stadtkarten.

Bevor es Karten gab

Viele Hundert Jahre lang mussten die Menschen sich zurechtfinden, indem sie sich an Landschaftsmerkmalen oder – auf See – an der Sonne und den Sternen orientierten. Seefahrer benutzten Sextanten und Kompasse, um ihre Position zu bestimmen.

Dieser vergrößerte Abschnitt zeigt Städte, Straßen und Sehenswürdigkeiten wie die Walt Disney World. Gehen wir noch ein bisschen näher.

Wie heißt jemand, der Karten zeichnet?

Nur auf einem Globus kann man Länder genau darstellen. Eine flache Landkarte verzerrt die Formen.

Eine Karte in Kugelform

Ein Globus ist eine Landkarte, die auf eine Kugel gedruckt wurde. Er zeigt die Form der Erde. Das obere und untere Ende sind der Nord- und Südpol, die Linie um die Mitte zeigt den Verlauf des Äquators.

Foto-Quiz

Finde in diesem Kapitel Bilder, aus denen diese Ausschnitte stammen.

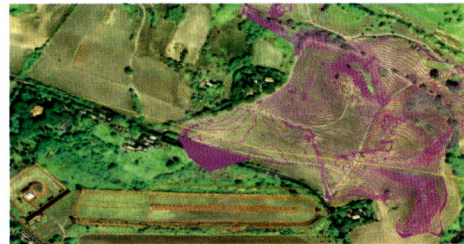

Zahlen helfen dir, jede Attraktion und jedes Fahrgeschäft zu finden. So kannst du deinen Weg durch den Park planen.

Diese Ansicht ist schon so genau, dass man Gebäude im Park erkennen kann.

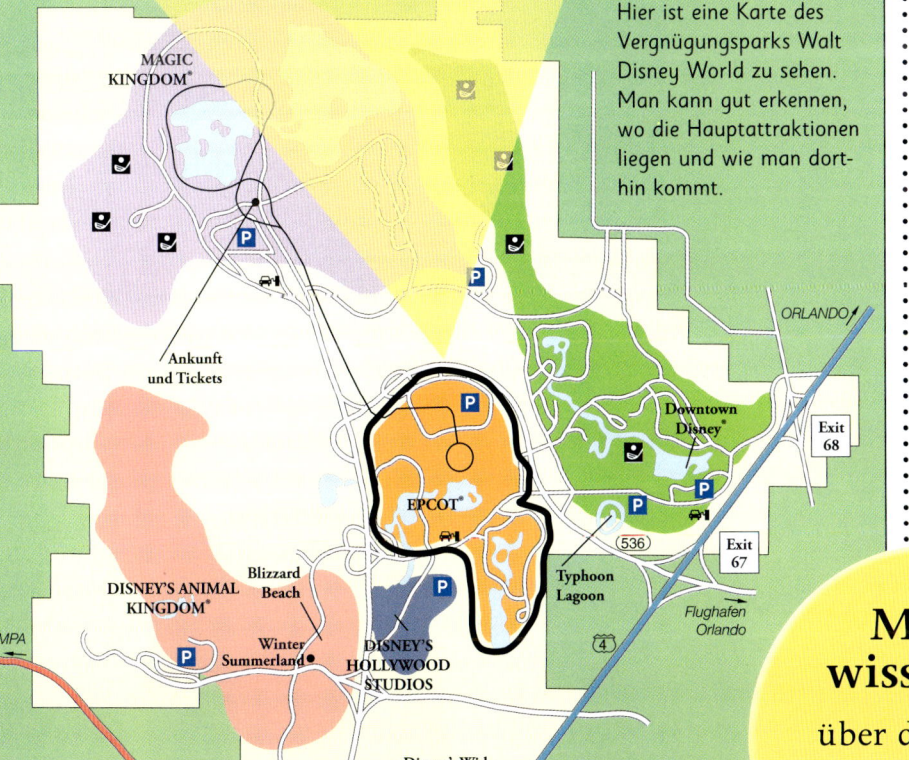

MAGIC KINGDOM

Ankunft und Tickets

ORLANDO

Downtown Disney

Exit 68

EPCOT

DISNEY'S ANIMAL KINGDOM

Blizzard Beach

Typhoon Lagoon

536

Exit 67

Flughafen Orlando

TAMPA

Winter Summerland

DISNEY'S HOLLYWOOD STUDIOS

Disney's Wide World of Sports

192

Exit 64B

KISSIMMEE

TAMPA

Hier ist eine Karte des Vergnügungsparks Walt Disney World zu sehen. Man kann gut erkennen, wo die Hauptattraktionen liegen und wie man dorthin kommt.

Mehr wissen ...

über das Lesen von Karten, Seite 106–107

Frühe Karten

Karten sehen heute ganz anders aus als früher. Als die ersten gezeichnet wurden, dachte man sich für unbekannte Gegenden einfach etwas aus.

Diese Neudarstellung von Ptolemäus' Karte aus seinem Werk *Geographia* stammt aus dem Jahr 1540.

Frühe Kartografen füllten leere Teile ihrer Karten oft mit Fantasiewesen.

Vor 1900 Jahren

Der Geograf Ptolemäus (um 100–170) schrieb *Geographia*. Das Werk enthielt eine Weltkarte und befasste sich mit der Kartografie. Die Originale sind verloren, aber im 16. Jahrhundert erschienen Kopien auf der Grundlage seiner Koordinaten.

2000 v. Chr.   **500 v. Chr.**   **100 n. Chr.**

Vor 4000 bis 3500 Jahren

Im norditalienischen Valcamonica entdeckte man die ältesten Landkarten Europas. Sie sind in den Fels geritzt und zeigen bepflanzte Felder, Tiere, Häuser und Wege.

Imago Mundi

Vor 2200 Jahren

Der griechische Mathematiker Eratosthenes (um 276–194 v. Chr.) versuchte als Erster, den Umfang der Erde zu berechnen. Man nimmt an, dass er sich nur um 1 Prozent verrechnete!

Seit Eratosthenes sind Geografie und Kartografie anerkannte Wissenschaften.

Vor 2500 Jahren

Die babylonische Tontafel *Imago Mundi* zeigt Babylon im Zentrum der Welt. Früher stellten Kartenzeichner ihr eigenes Land oft als Mittelpunkt der Welt dar.

Die Carta Marina ist eine im 16. Jahrhundert gezeichnete Seekarte.

Die Contarini-Rosselli-Karte ist nur 15 x 28 Zentimeter groß.

Vor 800 Jahren

Im 13. Jahrhundert kopierte ein Mönch eine Karte aus dem spätrömischen Reich. Die *Tabula Peutingeriana* ist fast 7 Meter lang, aber nur 34 Zentimeter breit und im Wesentlichen eine Straßenkarte.

Vor 500 Jahren

1508 entstand eine erstaunlich detaillierte, aber winzige Weltkarte. Auf ihr ist sogar die noch unentdeckte Antarktis zu sehen!

1200

1500

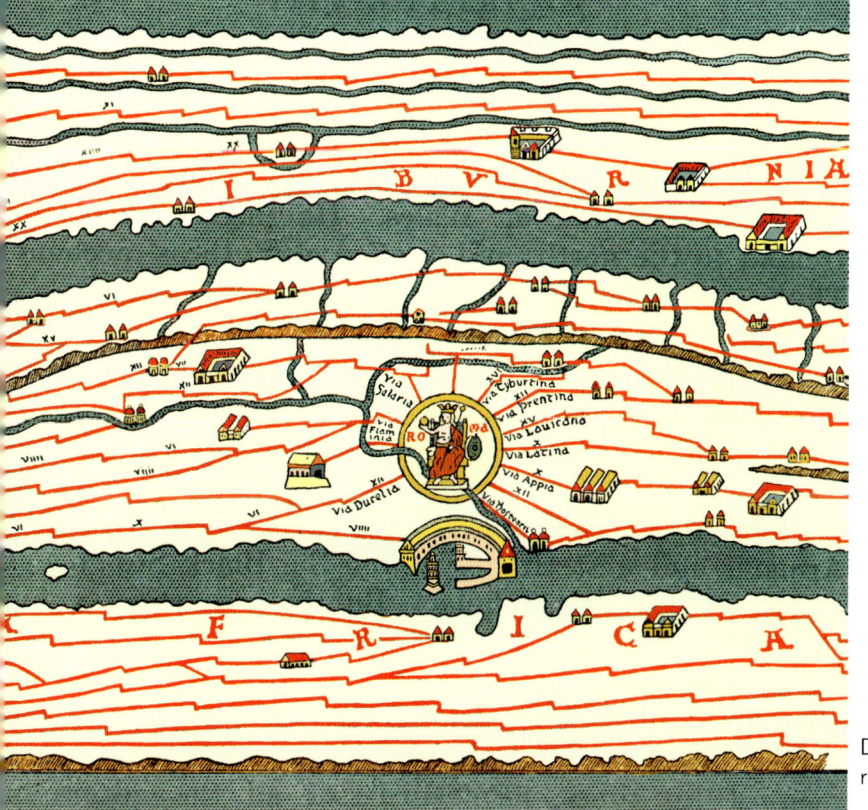

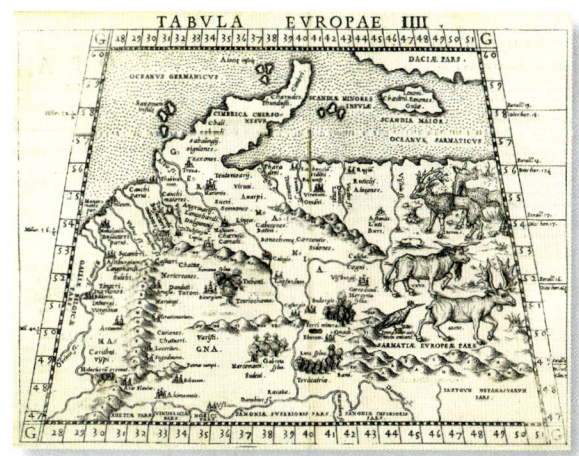

Vor 600 Jahren

Der dänische Geograf Claudius Claussön Swart schuf 1427 die erste bekannte Landkarte von Nordeuropa.

Die *Tabula Peutingeriana* zeigt die römischen Straßen von Spanien bis Indien.

Die Wissenschaft von der Erdoberfläche, der Atmosphäre und von den Menschen.

105

Karten lesen

Wenn du irgendwo bist, wo du dich nicht auskennst, dann findest du dich besser zurecht, wenn du Karten lesen kannst. Sie verhindern nicht nur, dass du dich verläufst, sie zeigen dir auch Wege, Abkürzungen und schöne Aussichten.

Der Triumphbogen in Paris

Direkter Weg oder schöner Weg?

Eine Karte hilft dir, von einem Ort zum anderen zu kommen. Nimmst du den kürzesten oder den schönsten Weg?

Das ist Quadrat C2.

Dieser Stadtplan von Paris ist in ein Gitternetz aus Quadraten unterteilt. Die Fahrstrecke verläuft von einem Ort im Quadrat B1 zu einer Adresse im Quadrat C2.

Gitternetz

Wie findest du auf einer Karte einen Ort? Du verwendest das Gitternetz. Gedruckte Karten haben Ziffern und Buchstaben am Rand, mit denen du eine Adresse aufspüren kannst. Wenn zum Beispiel „106 C2" angegeben ist, schlägst du zuerst die Seite 106 auf. Auf dieser Seite gehst du zu Reihe C und dann hinunter zu Reihe 2.

Wo ist der magnetische Nordpol?

Nimm einen Kompass

Ein Kompass ist beim Kartenlesen eine gute Hilfe, denn er zeigt an, wo Norden ist. Selbst bei dichtem Nebel kann dir ein Kompass den Weg zeigen.

Ein Kompass hat vier Hauptrichtungen: Nord, Süd, Ost und West.

Probier's aus!

Mache eine Nadel magnetisch, indem du mit einem Magneten 50-mal darüberstreichst. Stecke die Nadel an einen Korken und lege ihn ins Wasser. Die Nadel wird nach Norden zeigen.

Nimm zur Sicherheit einen Kompass mit, wenn du wandern gehst.

Wie du einen Kompass verwendest

Dreh dich und den Kompass, bis der rote Pfeil nach Norden zeigt. Lege den Kompass so auf die Karte, dass die Nadel im Kompass und der Pfeil auf der Karte in dieselbe Richtung zeigen. Suche dir nun ein Landschaftsmerkmal direkt vor dir.

Legende

▬▬▬	Fernstraße
▭▭▭	Hauptstraße
▭▭▭	Nebenstraße
▭■▭	Eisenbahn
〰〰	Fluss

▮	Park	✈	Flughafen
⛺	Campingplatz	🚻	Toiletten
◄	Aussicht	☎	Telefon
🛒	Läden	🚌	Bushaltestelle

Zu hoch zum Klettern!

Landkarten haben meistens dunklere Flächen. Sie zeigen die Höhenunterschiede und Landschaftsmerkmale an. Höhenlinien verbinden Punkte, die gleich hoch liegen. Der Unterschied zwischen nebeneinander verlaufenden Höhenlinien kann bis zu 300 Meter betragen.

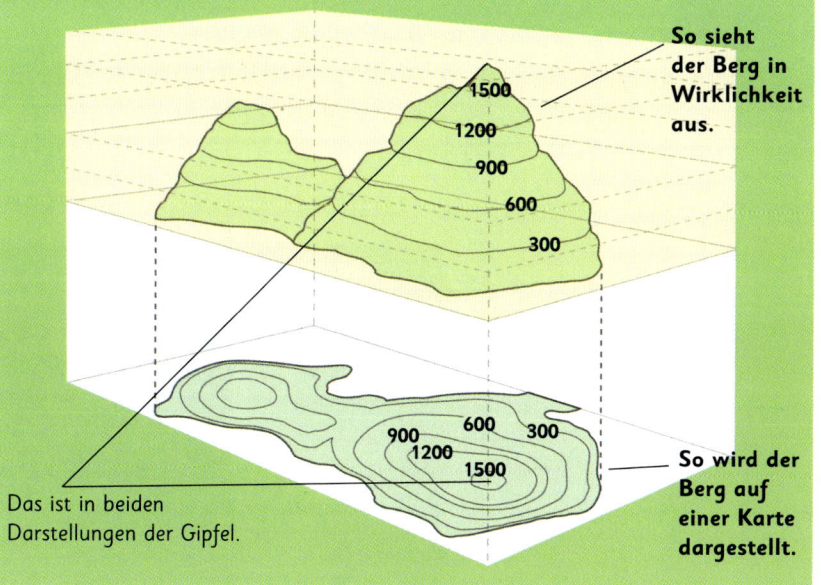

So sieht der Berg in Wirklichkeit aus.

1500
1200
900
600
300

900 600 300
1200
1500

So wird der Berg auf einer Karte dargestellt.

Das ist in beiden Darstellungen der Gipfel.

Was bedeutet das?

Kartografen verwenden Symbole auf ihren Karten. Damit sparen sie Platz, sodass mehr Informationen auf die Karte passen. Die Symbole werden in einer „Legende" erklärt. Meistens sieht man ihnen an, was sie darstellen sollen.

Irgendwo in der Arktis, aber er verändert seine Lage ständig.

Nicht bloß eine Linie!

Große Karten haben Linien, die ein Gitter bilden und sich über die Länder und Meere erstrecken. Das sind Längen- und Breitengrade. Sie erleichtern es, die Lage eines Orts irgendwo auf der Welt genau zu bestimmen.

Halbierter Globus

Der Äquator ist die gedachte Linie (im Bild rot), die die Welt in zwei Hälften teilt. Er ist der längste Breitengrad. Am Äquator hat der Breitengrad den Wert null Grad.

Äquator

Der Nullmeridian führt durch acht Länder: Großbritannien, Frankreich, Spanien, Algerien, Mali, Burkina Faso, Ghana und Togo.

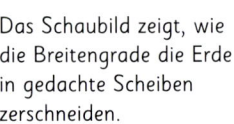

Das Schaubild zeigt, wie die Breitengrade die Erde in gedachte Scheiben zerschneiden.

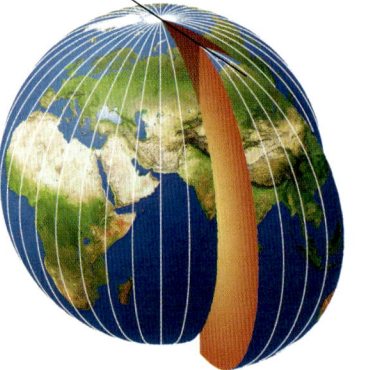

Dieses Schaubild stellt dar, wie die Längengrade die Erde in gedachte Stücke zerlegen.

Der Nullmeridian

Das ist Linie, an dem der Längengrad null Grad beträgt. Sie verläuft durch Greenwich in England und wurde 1884 festgelegt, weil die unterschiedlichen Systeme Probleme in Schifffahrt und Handel bereiteten.

Breitengrad

Die Linien, die auf einer Karte von links nach rechts verlaufen, zeigen an, wie weit nördlich oder südlich man sich vom Äquator entfernt aufhält. Am Nordpol befindet man sich auf 90 Grad Nord, am Südpol auf 90 Grad Süd.

Längengrad

Die Linien, die auf einer Karte von oben nach unten verlaufen, geben an, wie weit man vom Nullmeridian in Greenwich entfernt ist. Man kann sich 180 Grad östlich oder westlich davon befinden.

Beim Nullmeridian in Greenwich ist die Lage einiger Städte angegeben.

Welcher Breitengrad verläuft auf halbem Weg zwischen Äquator und Nordpol?

Länge und Breite

Wenn du den Längen- und Breitengrad einer Stadt kennst, findest du sie auf einer Weltkarte ganz leicht.

Östlich des Nullmeridians ist man alle 15 Grad eine Stunde voraus. Westlich davon ist man alle 15 Grad eine Stunde hinterher. New York ist also Greenwich ungefähr fünf Stunden hinterher.

Längengrad

160° 140° 120° 100° 80° 60° 40° 20° 0° 20° 40° 60° 80° 100° 120° 140° 160° 180°

ARKTISCHES MEER

Moskau 55N 370

Greenwich 51N 0W

New York 40N 74W

Los Angeles 34N 118W

Tokio 35N 1390

Neu-Delhi 28N 770

Mexiko-Stadt 19N 99W

ATLANTISCHER OZEAN

PAZIFISCHER OZEAN

West ⟷ Ost

Nord

Süd

Brasilien 15S 47W

INDISCHER OZEAN

Kapstadt 33S 180

Canberra 35S 1490

SÜDLICHER OZEAN

80° 60° 40° 20° 0° 20° 40° 60° 80°
Breitengrad

Probier's aus! Findest du die Stadt bei 40N 74W? Sie heißt New York und liegt in Amerika. Finde die Koordinaten für den Ort, in dem du wohnst.

Der Nullmeridian ist auf seinem Weg von Pol zu Pol ungefähr 20 000 Kilometer lang.

Nach Norden zu wird es kälter!

Das Klima ändert sich mit den Breitengraden. Am Äquator ist es heiß und tropisch. Je weiter man aber nördlich oder südlich kommt, desto kühler wird es. Die Pole liegen sogar im ewigen Eis.

Tropische Regenwälder gibt es am Äquator.

So eine Landschaft ist am Äquator oder in seiner Nähe nicht möglich.

45 Grad Nord.

Weltkarten

Weltkarten verzerren, was man sieht. Denn obwohl vieles korrekt dargestellt ist, muss man doch eine runde Erde auf einer ebenen Fläche darstellen. Da bleibt nichts anderes übrig, als mit Größen und Formen etwas zu schummeln.

Aus rund mach flach

Ein Fußball ist schwer als Geschenk einzupacken. Genauso schwer ist es, die runde Erde auf einer flachen Karte darzustellen. Kartografen verwenden verschiedene Kartenprojektionen, also Arten, die Erde auf Karten darzustellen.

Projektion

Es gibt drei Hauptarten von Projektionen.

Kegelprojektion
Sie wird oft benutzt, um die Pole zu kartografieren. Stell dir einen Papierkegel über dem Globus vor.

Zylinderprojektion
Zylinderprojektionen entstehen mithilfe eines Rohrs oder Zylinders um die Erde.

Azimutalprojektion
Dazu wird ein Blatt Papier auf einen Punkt des Globus aufgelegt und der Globus darunter dargestellt.

Mercator-Projektion

Das ist die bekannteste Projektion. Sie wurde 1569 erstmals angewendet. Allerdings macht sie Grönland größer als in Wirklichkeit.

Gall-Peters-Projektion

1973 veröffentlichte Arno Peters diese Karte auf der Grundlage einer Projektion von James Gall von 1855. Sie zeigt besser, wie die Kontinente wirklich aussehen.

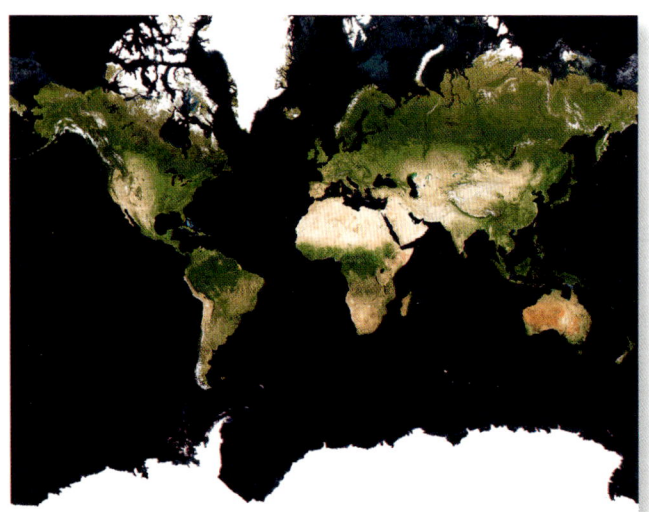

Mercators Karte wurde mit einer Zylinderprojektion angefertigt.

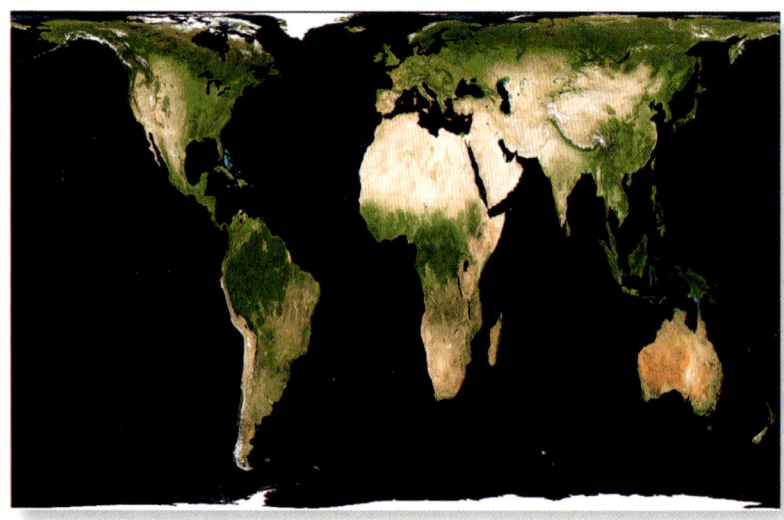

Die Gall-Peters-Projektion ist zwar bekannt, als Weltkarte wird sie aber nicht oft verwendet.

Wer war Ptolemäus?

Anderer Blickwinkel

Wenn man aus einer anderen Richtung auf die Erde sieht, kommt sie einem gleich ganz fremd vor. Auf in Japan und China verkauften Weltkarten ist der Pazifik in der Mitte.

Mehr wissen …
über frühe Karten, Seite **104–105**
darüber, wie man Karten anfertigt, Seite **112–113**

Eine Karte mit dem Pazifischen Ozean in der Mitte zeigt erst, wie groß dieses Meer wirklich ist.

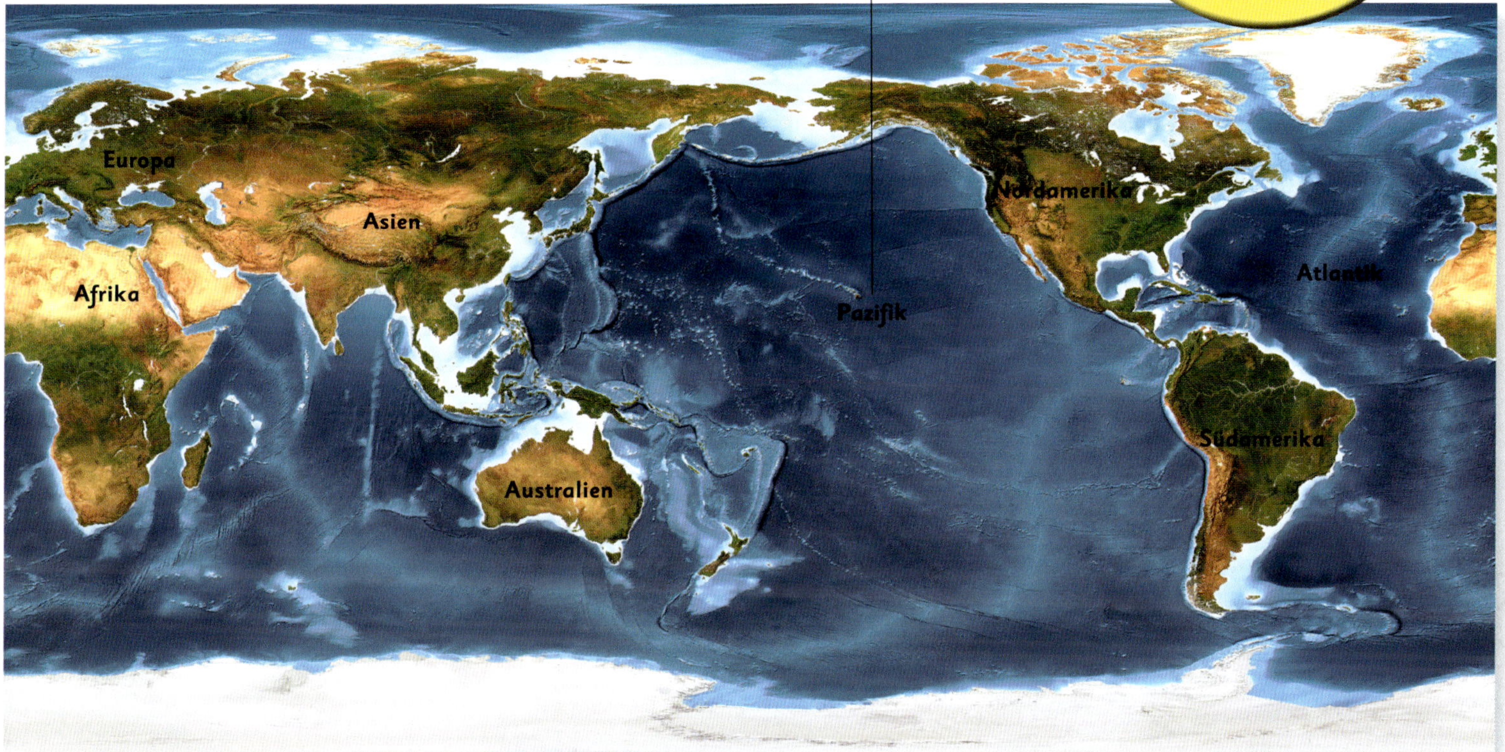

Europa

Asien

Afrika

Nordamerika

Atlantik

Pazifik

Südamerika

Australien

Verkehrte Welt?

Es gibt keinen Grund, warum auf Karten der Norden immer oben sein muss. Das hat einfach Ptolemäus, der von 100 bis 170 n. Chr. lebte, so eingeführt, als er seine Weltkarte zeichnete. Der Australier Stuart McArthur möchte sein Land aber ganz oben auf der Karte sehen.

MᶜARTHURS KORRIGIERTE KARTE DER WELT

McArthurs Weltkarte wurde 1979 erstmals veröffentlicht.

Er war Geograf und Mathematiker. Auf Seite 104 erfährst du mehr über ihn.

Kartierung

Früher wurden Karten von Hand gezeichnet. Das konnte bis zu einem Jahr dauern. Heute sind in Computern so viele geografische Informationen gespeichert, dass man eine genaue Karte in Minuten fertig hat.

Auf dieser Karte vom Caffarella Park in Rom sind Elemente der Landschaft (rosa) und archäologische Reste (rot) zu sehen.

Satelliten als Helfer

Satelliten machen Fotos von Ländern und schicken sie auf die Erde. Dort werden sie zusammengefügt und in Karten umgewandelt. Die Satelliten messen außerdem mit Radar Landhöhen genau aus.

Sonnenkollektoren liefern Strom.

Wenn Satelliten über die Erde fliegen, fotografieren sie nacheinander einzelne Streifen Land, bis sie ein komplettes Bild von der Oberfläche haben.

Was ist die Topografie?

Landvermesser messen mit Theodoliten Höhen und Entfernungen.

Kartierung am Boden

Kleinere Karten werden noch mit traditionellen Methoden hergestellt. Wenn zum Beispiel ein neuer Park entworfen wird, besucht ein Landschaftsarchitekt oder Landvermesser das Gelände und vermisst es, um anhand der gesammelten Daten Karten anzufertigen.

Gitterpapier eignet sich zum maßstabsgetreuen Zeichnen.

Probier's aus!
Zeichne deine eigene Karte. Das kann ein Plan deiner Straße oder eine Landkarte vom Park in deiner Nähe sein. Mache die Zeichnung aus der Vogelperspektive, also von oben.

Die Vermessung der Welt

In nur elf Tagen sammelte das Spaceshuttle *Endeavour* mithilfe von Radar genaue Messdaten über 80 Prozent der Landmasse auf der Erde. Diese wertvollen Daten wurden für 3-D-Karten verwendet.

Die Mission der *Endeavour* ist als Shuttle Radar Topography Mission, kurz SRTM, bekannt geworden.

Ganz genau

Die Karten, die nach den Messungen der *Endeavour* erstellt wurden, sind unglaublich genau. Sie zeigen die exakte Höhe von Bergen und die Tiefe von Tälern.

Die 3-D-Karte des Mount St. Helens in den USA zeigt, wie der Vulkan wirklich aussieht.

Karten vom Meeresboden

Schiffe schicken mit Echoloten Schallwellen zum Meeresboden, von wo sie zurückgeworfen werden. Man misst die Zeit, die sie unterwegs sind, und weiß so, wie tief das Meer ist. Auf einer Meereskarte steht Dunkelblau für tiefes und Hellblau für weniger tiefes Wasser. Auch mit Satelliten kann man Meereskarten erstellen.

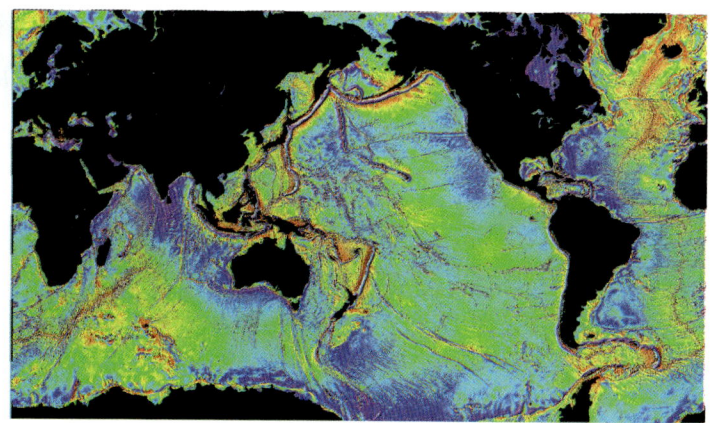

Eine Karte vom Meeresboden zeigt, dass der Meeresboden gar nicht so flach ist, wie man meint.

Kartenarten

Straßenkarten, Stadtpläne, Nahverkehrskarten, See-karten, Sternkarten, politische Karten – es gibt viele verschiedene Karten.

Nordbahnhof

Hauptbahnhof

Ostbahnhof

Südbahnhof

Eine U-Bahn-Karte ist meistens nicht maßstabsgetreu. Sie zeigt nur die Haltestellen.

Nahverkehrskarten

Karten, die Nahverkehrs-netze zeigen, zum Beispiel Bus- oder U-Bahn-Linien, sollten leicht zu lesen sein. Man braucht keine genauen Entfernungen, muss aber sehen kön-nen, welche Haltestellen auf einer Strecke liegen.

Wie müssen wir fahren?

Straßenkarten zeigen ein größeres Gebiet als Stadtkarten. Unterschied-liche Straßen haben unterschiedliche Farben. Auf den meisten Straßenkarten sind die Autobahnen orange.

Ein paar Straßenkarten

Da geht's lang!

Stadtpläne helfen Menschen, die sich in der Stadt nicht auskennen, sich zurecht-zufinden. Eingezeichnet sind auch wichtige Orientierungspunkte.

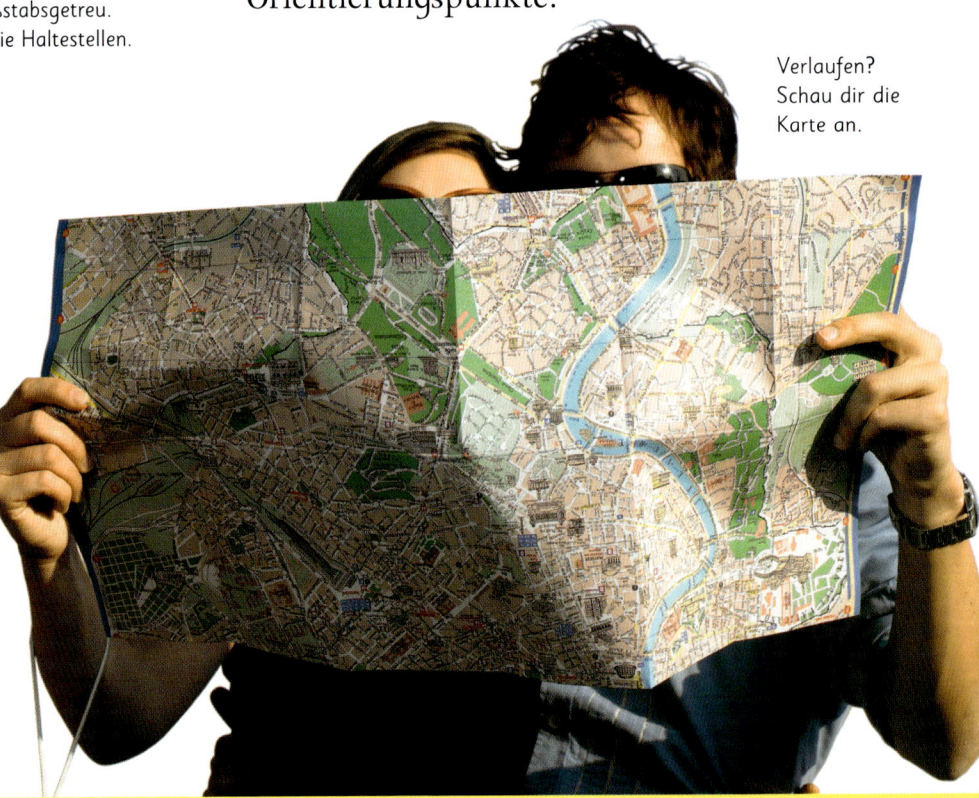

Verlaufen? Schau dir die Karte an.

Welche Arten von Karten zeigen keine genauen Entfernungen?

Geografische Karte

Auf ihr sind die wichtigsten geografischen Merkmale wie Berge, Seen, Flüsse, Wüsten, Wälder und Meere zu sehen.

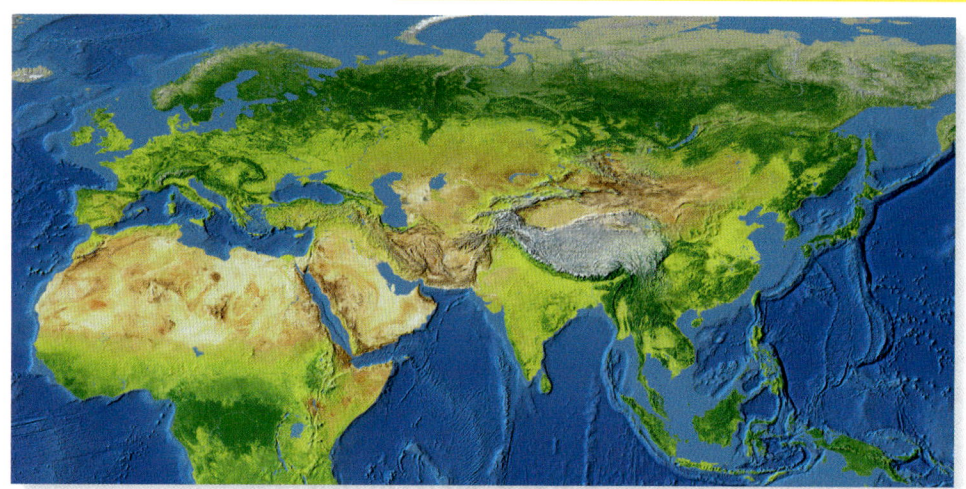

Politische Karte

Wenn du etwas über Länder erfahren möchtest, sieh dir eine politische Karte an. Sie zeigt, wo die Grenzen der Staaten verlaufen. Die Länder sind in unterschiedlichen Farben dargestellt.

Europa hat viele Länder.

Computerkarten

In aller Welt haben mit Kameras ausgerüstete Fahrräder und Autos Fotos aufgenommen. Sie zeigen uns gute Bilder von den Straßen, in denen wir wohnen.

Handybesitzer können mit Karten aus dem Internet ihren Weg planen.

Unterwegs

Heute kann man Karten schon auf Computern oder Handys aufrufen. Fußgänger und Autofahrer finden damit leichter an ihr Ziel.

Das Fahrrad macht Fotos. Sie sind auf Google Earth zu sehen.

Eine Karte der Welt

Wenn man die Erde wie eine Ebene darstellt, dann sieht sie so aus. Da ist wenig Land und viel Wasser. Das meiste Land erstreckt sich nördlich des Äquators. Oben und unten sind zwei Polarregionen.

Grönland

Kanada

Nord-amerika

Atlantik

Pazifik

Süd-amerika

Kontinente und Meere

Es gibt sieben Landmassen auf der Erde. Sie bilden die Kontinente: Nord- und Südamerika, Afrika, Europa, Asien, Australien (Ozeanien) und die Antarktis. Um sie herum erstrecken sich die fünf großen Meere: Pazifik, Atlantik, Indischer Ozean, Arktisches Meer und Südlicher Ozean.

Mehr wissen …
über Projektionen, Seite 110–111
über die Kartierung, Seite 112–113

Antarktis

Welches der fünf Meere ist das größte?

Arktis

Die Arktis sieht wie Land aus, ist aber nur gefrorenes Meer.

Arktisches Meer

Russland

Europa

Asien

Pazifik

China

Himalaja

Nördlicher Wendekreis

Afrika

Indien

Äquator

Der Äquator ist eine gedachte Linie um die ganze Welt.

Indischer Ozean

Australien

Südlicher Wendekreis

Südlicher Ozean

Wenn man die Karte an den Ozeanen teilt, bleiben die großen Landmassen ganz.

Arktis

Warum ist da so viel Eis?
Auf dieser Karte wirken Arktis und Antarktis viel größer als in Wirklichkeit. Das kann man vermeiden, indem man eine Karte macht, die wie die geschälte Schale einer Orange aussieht. Leider kann man die Länder darauf nicht so gut sehen.

Antarktis

Das nennt man eine zerlappte Projektion der Welt.

Naturwunder

Wir haben in diesem Buch ein paar wunderschöne Orte gesehen, aber unsere Erde ist voll von solchen Naturwundern. Hier einige weitere Sehenswürdigkeiten, die du unbedingt kennen solltest.

Diese heiße Quelle im Yellowstone-Nationalpark in den USA sieht wegen der Bakterien und Algen im Wasser so bunt aus.

Der Salto Angel in Venezuela ist der höchste Wasserfall der Erde.

Hier steht gerade der Mond über einem sonderbaren Felsen im Monument Valley in den USA.

Der Milford Sound in Neuseeland ist von steilen Felswänden eingeschlossen. Sie wurden von Gletschern geformt.

Wie hat man den Uluru früher auch genannt?

Der Uluru ist ein riesiger Sandsteinfelsen mitten in Australien.

Wenn man auf einem Eisfeld steht, kann die Antarktis sehr blau wirken.

Die Remarkable Rocks auf der australischen Känguru-Insel wurden von Wind und Regen geformt.

Bei den Victoriafällen in Afrika fällt der Fluss Sambesi in einen riesigen Riss im Boden.

Der Fuji in Japan gilt als der am schönsten geformte Vulkan der Welt.

Ayers Rock.

Die Welt bei Nacht

Wusstest du, dass die Lichter in unseren Woh-nungen, Schulen und Büros aus dem All zu erkennen sind? Wenn du dir diese Weltkarte ansiehst, weißt du, wo Großstädte liegen.

Die Ostküste der USA ist so hell erleuchtet, dass man sogar die Umrisse der Großen Seen im Nordwesten erkennen kann.

Atlantik

Vancouver in Kanada

Das Licht von Milliarden Straßen- und Büro-lampen macht Städte wie Vancouver vom All aus sichtbar.

Im Dunkeln

Es gibt aber noch viele Gebiete auf der Erde, an denen es nachts ganz dunkel wird. Sie befinden sich meistens dort, wo es wenig Strom gibt oder kaum Menschen leben, etwa in Wüsten, Regen-wäldern, Meeren oder Gebirgen.

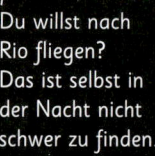

Du willst nach Rio fliegen? Das ist selbst in der Nacht nicht schwer zu finden.

In welchem Land liegt Tokio?

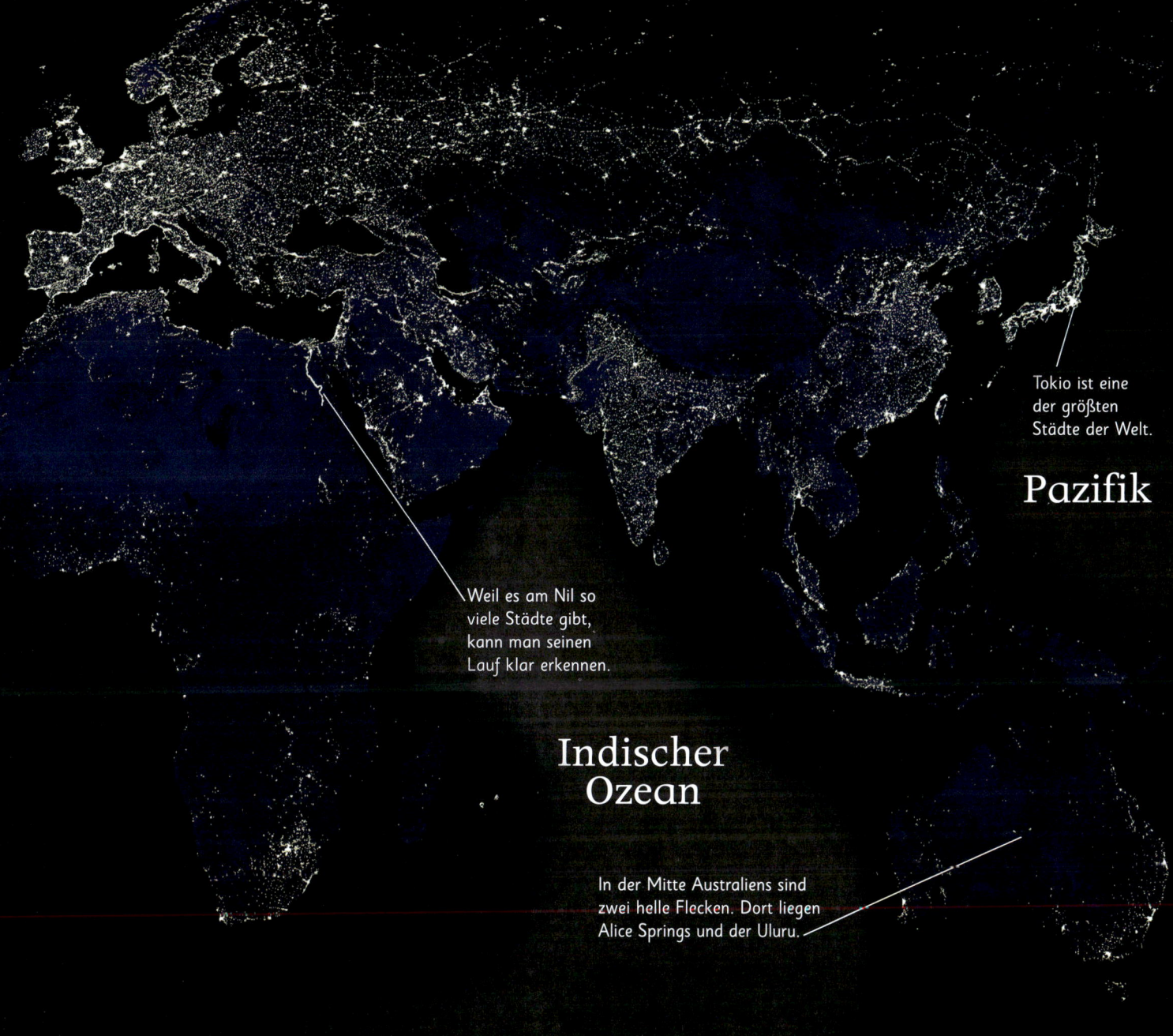

Tokio ist eine der größten Städte der Welt.

Pazifik

Weil es am Nil so viele Städte gibt, kann man seinen Lauf klar erkennen.

Indischer Ozean

In der Mitte Australiens sind zwei helle Flecken. Dort liegen Alice Springs und der Uluru.

Selbst wenn jeder Pinguin eine Fackel tragen würde, bliebe die Antarktis dunkel.

Südlicher Ozean

Mehr wissen …

über die Unterschiede zwischen Stadt und Land,
Seite 72–73

In Japan.

Wichtige Wörter

Äquator Eine gedachte Linie, die um die Mitte der Erde verläuft.

Atmosphäre Die Luftschicht, die unsere Erde umgibt.

Atoll Ein Ring aus Koralleninseln um eine Lagune herum.

Erdkruste Die dünne Schicht aus Gestein, die die Kontinente und den Meeresboden der Erde bildet.

Erdmantel Eine dicke Schicht aus Gestein zwischen der Erdkruste und dem Erdkern.

Erosion Die Verwandlung von Gestein in kleine Teilchen durch die Wirkung von Wasser und Wetter.

fossile Brennstoffe Brennbares Material, das aus den Überresten von Tieren und Pflanzen vor Millionen Jahren entstanden ist.

Fotosynthese Der Vorgang, mit dem Pflanzen ihre eigene Nahrung mithilfe von Sonnenenergie produzieren.

Gletscher Eine riesige Masse Eis, die sich langsam einen Hang hinunterschiebt.

Hängebrücke Eine Brücke, deren Fahrbahn an Kabeln hängt. Die Kabel sind an hohen Türmen befestigt.

Kalkstein Ein weiches Sedimentgestein, das sich oft aus versteinerten Tierresten zusammensetzt.

Klima Das durchschnittliche Wetter über einen langen Zeitraum.

Kontinent Ein großes Landgebiet, das ganz oder fast ganz von Ozeanen umgeben ist.

Koordinaten Ein System, für das Ziffern und Buchstaben verwendet werden, um einen Punkt auf einer Karte zu finden.

Korallen Kolonien aus winzigen Meerestieren. Sie haben eine harte Schale, die ihren weichen Körper schützt. Daraus bilden sich langsam riesige steinige Riffe.

Kultur Die gemeinsamen Ansichten und Traditionen eines Volks, aber auch seine Kunst, sein Essen, seine Musik und andere Dinge, die es geschaffen hat.

Magma Geschmolzenes Gestein, das unter der Erdoberfläche fließt. Wenn es an die Oberfläche kommt, nennt man es Lava.

magnetischer Nordpol Die Richtung, in die eine Kompassnadel auf der Erde zeigt – nur nicht am Nordpol selbst, denn dort zeigt die Nadel nach Süden.

Mikroorganismus Ein winziges Lebewesen, das man nur unter dem Mikroskop sehen kann.

Mineral Eine feste chemische Substanz, die meist in Gestein als Kristall enthalten ist.

Nährstoffe Substanzen, die Pflanzen und Tiere zum Leben brauchen.

Ökosystem Eine Gemeinschaft von Tieren und Pflanzen in einem bestimmten Lebensraum.

Ozon Ein farbloses Gas, das eine Schicht in der Atmosphäre bildet. Sie hält die meisten schädlichen Strahlen der Sonne von der Erde ab.

In welche Richtung zeigt ein Kompass am Nordpol?

Plankton Winzige Tiere (Zooplankton) oder Pflanzen (Phytoplankton), die in den von der Sonne beschienenen oberen Schichten von Gewässern leben.

Polarregion Das Land oder Meer am Nord- und Südpol.

porös Alles Material, das Zwischenräume hat, zwischen denen Wasser oder Luft fließen kann, wird als porös bezeichnet. Erdreich ist porös.

Projektion Jede Art von Karte, die die runde Erde auf einer ebenen Fläche darstellt.

Radar Ein Gerät, das mit Radiowellen feste oder bewegliche Gegenstände entdecken kann. Dabei wird eine Radiowelle in Richtung des Gegenstands geschickt. Wenn sie abprallt und zurückkommt, misst man, wie lange sie für den Rückweg gebraucht hat. Daraus kann man die Entfernung berechnen.

Raubtier Ein Tier, das andere Tiere jagt und frisst.

Riff Ein steiniger Hügel unter dem Meeresspiegel.

Satellit Ein Flugkörper, der die Erde im Weltall umkreist. Satelliten beobachten Vorgänge auf der Erde wie das Wetter und Vulkanausbrüche. Sie können aber auch die Oberfläche der Erde vermessen.

Schadstoffe Abfallsubstanzen, die in die Luft, das Wasser oder den Boden gelangt sind. Sie sind schädlich für die Umwelt.

Schwerkraft Die Kraft, die alles in Richtung Erdmittelpunkt zieht.

Sediment Winzige Gesteinsstückchen, die von Flüssen oder Gletschern mitgeführt werden.

Seismograf Ein Gerät, das die Stärke eines Erdbebens misst.

Strömung Die Bewegung von Wasser oder Luft in eine bestimmte Richtung.

Tektonik Die Bewegung der riesigen Gesteinsplatten, die die Erdkruste bilden.

Theodolit Ein Instrument, mit dem Landvermesser Höhen und Entfernungen bestimmen.

Topografie So nennt man die Oberflächenform einer Landschaft und auch die Wissenschaft, die sich damit beschäftigt.

Treibhausgase Gase in der Atmosphäre, die Sonnenhitze einfangen und die Erde erwärmen.

Tundra Eine kalte, baumlose Region in der Nähe der Pole, in der der Boden die meiste Zeit des Jahres gefroren ist.

Umwelt Die Umgebung eines Lebewesens oder Objekts.

Zum Südpol.

Zum Nachschauen

Register

Zum Nachschauen

Dank und Bildnachweis

Der Verlag dankt folgenden Personen, Agenturen und Institutionen für die freundliche Genehmigung zum Abdruck ihrer Bilder:

(Abkürzungen: o = oben, u = unten, m = Mitte, l = links, gl = ganz links, r = rechts, gr = ganz rechts, go = ganz oben)

1 Corbis: Ken Davies / Flame (mlo). **Getty Images:** Hiroyuki Matsumoto / Photographer's Choice (Hauptbild); Robert Harding World Imagery (mlu). **2 Planetary Visions Limited:** (gor). **2-3 Corbis:** Yann Arthus-Bertrand. **4 Getty Images:** NASA (ugr/Satellitenbild). **NASA:** (mro/Satellitenbild). **Science Photo Library:** Jim Reed (gor); Irene Windridge (ur/Feuer). **5 Alamy Images:** The Art Gallery Collection (gom); Mark & Audrey Gibson / Stock Connection Blue (mlu/Kartograf). **Corbis:** Rudy Sulgan (ur). **Getty Images:** Frans Lemmens / Photographer's Choice (mu). **iStockphoto.com:** Iconeer (go/Kartenhintergrund). **Photolibrary:** North Wind Picture Archives (gol). **Science Photo Library:** Anakaopress / Look At Sciences (ul/Vulkanologen); British Antarctic Survey (mlu/Geologen); Mark C. Burnett (mlu/Stadtplaner); Alexis Rosenfeld (mlu/Ökologen); Science Source (gor). **6-7 Corbis:** Walter Geiersperger (Hauptbild). **7 Corbis:** Richard Ashworth / Robert Harding World Imagery (mru); Tom Bean (mro); Bettmann (gor); Don Hammond / Design Pics (mru/Lava); Neil Rabinowitz (mr); Keren Su (ur). **9 Corbis:** Don Hammond / Design Pics (mru). **Dorling Kindersley:** Natural History Museum, London (mro/Granit). **10 Corbis:** Fotofeeling / Westend61 (ml). **10-11 Corbis:** Geoff Renner / Robert Harding World Imagery (u). **11 Getty Images:** InterNetwork Media / Photodisc (ur). **12 Alamy Images:** Arterra Picture Library (mlo). **Corbis:** Bryan Allen (mlu/Mesosphäre). **Getty Images:** Runstudio (ul) (mlu/Ballon). **Science Photo Library:** NASA (gol). **12-13 Corbis:** NASA (Erdansicht) (mro). **13 Corbis:** Bryan Allen (ur). **NASA:** GSFC (ul). **14 Dorling Kindersley:** Natural History Museum, London (mro/Sedimentgestein). **15 Alamy Images:** Nick Greaves (r/Berg und Himmel) (gom/Feldspat) (gor/Granit) (gor/Glimmer). **Dorling Kindersley:** Natural History Museum, London (gol/Quarz) (mo) (mlo). **iStockphoto.com:** Tom Brown (ugr); Craftvision (mru); Fernando Delvalle (mlu/Fahrrad); Luca di Filippo (ur/Laptop) (ul/Dose) (mu/Ziegel); DNY59 (mru/Rucksack und Bücher); Floortje (mlu/Flip-Flops); Taylor Hinton (mlu/Haus); Rafa Irusta (mru/Föhn); Jitalia17 (mu/Tasse); Jsemeniuk (mlu/Digitalkamera); Alexander Kalina (um/Turnschuhe); Kledge (ul/American Football); KRUS (ul/Farbe und Pinsel); Eduardo Leite (ul/Armbanduhr); Mammamaart (um/Strandball); Pagadesign (mru/Auto); Martin Pernter (mru/Schwimmbrille); Vadim Ponomarenko (mru/Schmuck). **16 Corbis:** Frans Lanting (l); Visuals Unlimited (ur). **17 Corbis:** Yann Arthus-Bertrand (u); Bettmann (mr); Roger Ressmeyer (ml) (mro/seilförmiger Fels). **Dorling Kindersley:** Natural History Museum, London (gor/Brocken). **Science Photo Library:** Robert M. Carey, NOAA (gol). **18 Corbis:** Tom Bean (ul). **Science Photo Library:** Gary Hincks (mr); Zephyr (gol). **19 Corbis:** Guo Jian She / Redlink (ur). **Science Photo Library:** Gary Hincks (ml). **20 Alamy Images:** Westend 61 GmbH (gol). **Corbis:** Ray Juno (mlu/Berghütte); Galen Rowell (Hauptbild). **iStockphoto.com:** Andy Gehrig (ml/Leopard); Charles Schug (mlo/Bäume). **22 Corbis:** Richard T. Nowitz (mru); Douglas Peebles (gor); Keren Su (u). **23 Getty Images:** Bobby Model / National Geographic (gol). **Science Photo Library:** Steve Allen (um); Planetobserver (mlu). **24 Corbis:** Arctic-Images (mru). **Getty Images:** Popperfoto (mlu). **Photoshot:** Stella Snead (ul). **Science Photo Library:** Worldsat International (gor). **24-25 Alamy Images:** Arctic Images / Ragnar Th Sigurdsson. **25 Corbis:** Bob Krist (um); Arthur Morris (mlo). **26 Alamy Images:** geographyphotos (gor). **Corbis:** Thomas Schulze / EPA (u). **27 Corbis:** Peter Adams (ur); Momatiuk - Eastcott (gor); Jim Wark / Visuals Unlimited (gol). **28 Corbis:** Richard Ashworth / Robert Harding World Imagery (ul); Pascal Parrot / Sygma (mo). **Getty Images:** Philippe Roy / hemis.fr (mru). **Science Photo Library:** Planetary Visions Ltd (gol). **29 Getty Images:** Leonardo Papini / Samba-Photo (mru). **30 Corbis:** Gary Braasch (um); Neil Rabinowitz (mr). **www.airphotona.com:** Jim Wark (l). **31 Alamy Images:** Horizon International Images Limited (um/city). **Corbis:** Philip Wallick (mr). **Courtesy of the National Science Foundation:** Zina Deretsky / NSF (ml). **32 Alamy Images:** Ladi Kirn (ml/Proteus anguinus). **Ardea:** Pat Morris (mlu/Salamander). **Corbis:** Arne Hodalic (mlu/Höhlenfisch). **Dorling Kindersley:** Natural History Museum, London (ul/Spinne). **Getty Images:** Hans Strand (Hintergrund) (um). **33 Corbis:** Bertrand Gardel (gor); M. L. Sinibaldi (mo). **fotoLibra :** Miles Kelly (gol). **National Geographic Stock:** Carsten Peter / Speleoresearch & Films (u). **34 Corbis:** Dan Brownsword (l/Eislandschaft); Blaine Harrington III (mlo). **Getty Images:** Stuart Dee / Photographer's Choice (mglo). **35 Corbis:** Jacques Langevin / Sygma (um); Radius Images (r/Wüstenlandschaft); Craig Tuttle (gor). **Getty Images:** Harald Sund (mro). **36 Corbis:** Chuck Doswell / VisualsUnlimited (r/Tornado). **Science Photo Library:** NASA (ul). **37 Corbis:** Meijert de Haan / EPA (mr/Wasserhose); Mark A. Johnson (mo/Regenbogen); Larry Mulvehill (gor/Baum); Jim Reed (mro/Sturm) (ml); Ariel Skelley / BlendImages (mro/Mädchen); Tetra Images (mro/Schneemann). **Getty Images:** Jean-Pierre Pieuchot (mru/Nebel). **Science Photo Library:** Cape Grim B.A.P.S. / Simon Fraser (ul); Michael Donne (ugr); European Space Agency / Aeos Medialab (ur); U.S. Air Force (ugl/Flugzeug). **38 Corbis:** Kazuyoshi Nomachi (gor). **Getty Images:** artpartner-images / Photographer's Choice (l/Wüstenhintergrunf). **iStockphoto.com:** Bill Bartholomew (mu/mor). **39 Getty Images:** Michael Fogden / Photolibrary (gor); Marko Georgiev (u); Ronaldo Schemidt / AFP (mlu) (ur/Stadthintergrund). **40 Corbis:** Imagemore Co., Ltd (mr); Kulka / zefa (gor/Erde). **Getty Images:** Cultura / Steve Sparrow (ur); Kazuo Ogawa / amana images (ml). **Science Photo Library:** David R. Frazier (ul). **41 Corbis:** Alan Schein Photography (mr); Bettmann (ml); Simon Jarratt (mro/Junge); Radius Images (mro/Recyclingsymbol). **Getty Images:** Mike Brinson (ur); JGI / Jamie Grill / Blend Images (mro/Schalter); Ben Osborne (ul); STOCK4B-RF (gor). **Science Photo Library:** Chris Knapton (gol). **42 Corbis:** amanaimages (ur/Gras); Ken Davies / Flame (Baum auf dem Feld); Matthias Kulka (mro/Eisberg) (ur); Don Smith / Robert Harding World Imagery (ul/x). **Getty Images:** Don Mason (mr) (mru/Weizen) (mru). **NASA:** Lick Observatory (mro/Mond); Hans Eggensberger / fStop (gom/x) (mlo/x). **44 Getty Images:** NASA (go). **NASA:** (ul). **44-45 Corbis:** Kulka / zefa (mu/Erde). **45 Getty Images:** Wolfgang Kaehler (mr). **NASA:** Cassini Imaging Team / Cassini Project (ur) (ul). **46 Corbis:** Tim McGuire (gor). **Getty Images:** P. Jaccod / De Agostini (ur); Alejandra Parra / Bloomberg (ul/Papagei); Karim Sahib / AFP (mlo); Gordon Wiltsie / National Geographic (ul/Waldhintergrund hinter Papageien). **47 Getty Images:** Theo Heimann / AFP (ur); Steven Kazlowski / Barcroft Media (gor); Tauseef Mustafa / AFP (mro); Fabio Muzzi / AFP (ul); Franc & Jean Shor / National Geographic (gol). **48 Alamy Images:** Chris Howes / Wild Places Photography (ul). **iStockphoto.com:** Craftvision (mro/Gras). **naturepl.com:** Kim Taylor (m). **49 Corbis:** Martin Harvey / Gallo Images (l). **FLPA:** Ingo Arndt / Minden Pictures (mo). **Photolibrary:** Iconotec (gor). **Science Photo Library:** Planetobserver (gom); © 1995, Worldsat International & J. Knighton (ur). **50 Corbis:** DLILLC (ur/Walross); Matthias Kulka (ul); Kennan Ward (mro). **Getty Images:** Ralph Lee Hopkins / National Geographic (ml); Roy Toft (mr/Robbe). **SeaPics.com:** John K. B. Ford / Ursus (mro/Narwal). **51 Corbis:** DLILLC (mro/Pinguin); Kevin Schafer (u); Norbert Wu / Science Faction (mr/Seesterne). **Getty Images:** Sue Flood (mro/Buckelwal); Nathalie Michel (mro/Orka). **Science Photo Library:** British Antarctic Survey (mlo). **52 Alamy Images:** Wayne Lynch / All Canada Photos (um). **Getty Images:** Olivier Grunewald / Photolibrary (ugl); Michael Melford / National Geographic (gor). **52-53 Bryan & Cherry Alexander / ArcticPhoto:** T. Jacobsen (Hauptbild). **53 Alamy Images:** Bryan and Cherry Alexander / Arcticphoto (gol); Wayne Lynch / All Canada Photos (mr). **Bryan & Cherry Alexander / ArcticPhoto:** (ul); T. Jacobsen (ur). **Getty Images:** Cary Anderson / Aurora (gor); Tom Murphy / National Geographic (mro/Polarfuchs); Paul Nicklen / National Geographic (mro/Lemming); Paul Oomen / Photographer's Choice (mro/Moschusochse); Joel Sartore / National Geographic (mo) (mru). **54 Getty Images:** Nacivet (ugr); Jessica Ojala / Flickr (l/Wald); Greg Probst (mr/Koniferenwald). **54-55 Getty Images:** Peter Haigh (Hintergrundbäume); pasmal / amanaimagesRF (go/Blätter). **Getty Images:** Tim Flach (mlu/Ameisen); Huntstock (mro); Lester Lefkowitz (m/Gabelstapler) (gom). **56 Corbis:** Frans Lanting (ul) (mu/Papageien). **Getty Images:** Giles Breton / Flickr (ur/Papageien im Flug). **56-57 Alamy Images:** Images & Stories (u/Wald). **57 Corbis:** Frans Lanting (ul). **Getty Images:** James Balog / The Image Bank (mro/ Jaguar); Giles Breton / Flickr (ur/Papageien); Daniel J. Cox (mro/Orang-Utans); Leo Freitas / Flickr (mlu); Martin Harvey / Gallo Images (mru/Okapi); Gavriel Jecan / Photographer's Choice (mro/Tukan); Mattias Klum / National Geographic (mru/Schmetterling); Roy Toft / National Geographic (mr/Frosch). **58 Getty Images:** Annie Griffiths Belt (ul) (gol). **Science Photo Library:** Jon Van De Grift / Visuals Unlimited (ur). **58-59 Getty Images:** Panoramic Images (mu/Graslandhintergrund). **59 Ecolibrary.org:** Dan L. Perlman (ul); Jason Edwards / National Geographic (mr/Wiesen-Goldhafer). **Getty Images:** Jason Edwards / National Geographic (mro/Stachelkopfgras); Tim Graham (gor/Gerste); Mark Harmel (mro/Wiesenfuchsschwanz); Adam Jones (gol); Diego Uchitel (gom). **60 Corbis:** Destinations (mlo). **Getty Images:** Simon Weller (ml). **Photolibrary:** Glow Images, Inc. (mo). **SuperStock:** Photononstop (ul). **60-61 SuperStock:** age fotostock (Hintergrund). **61 Alamy Images:** imagebroker (mr/Palmen). **Corbis:** Liu Liqun (ur). **Getty Images:** Nico Tondini (gor); Bert und Babs Wells (mru/Dornteufel). **Photolibrary:** Mike Hill (mru/Wüstenspringmaus). **62 Getty Images:** Theo Allofs (mro/Sumpf); Nat Photos (m/Überschwemmungsland); Nancy Nehring (mr/Wasserschwein); Travel Ink (mro/Marschland); Darwin Wiggett (mro/Flachwasserzone); Win Initiative (mro/Moor) (ul). **Planetary Visions Limited:** (mlo/Globus). **62-63 Getty Images:** Nat Photos (u/Riesenseerosen). **63 Getty Images:** Jeremy Frechette (mru); Martin Harvey (gol); Beverly Joubert / National Geographic (m); marin.tomic / Flickr (gor); Laurie Rubin (mro/Reispflanze); Chris Stein (mr/Reiskörner) (m/Antilopen). **64 Getty Images:** Barcroft Media (mlu/Wal); Daniel Cooper (mro); Peter David (ul). **65 Corbis:** Tobias Bernhard (ml/Hering); Stephen Frink (gom); Image Source (Hintergrund); Amos Nachoum (mo/Orka); Hein van den Heuvel (ul). **Getty Images:** Stephen Frink (mlo/Seelöwe). **Science Photo Library:** Steve Gschmeissner (mru/Phytoplankton); NASA / GSFC (um); Michael Patrick O'Neill (m/Cobia); Wim Van Egmond / Visuals Unlimited (mu/Zooplankton). **66 iStockphoto.com:** Craftvision (mu/Gras). **naturepl.com:** Meul / ARCO (u/Regenwürmer). **67 Corbis:** AgStock Image (ur). **Dorling Kindersley:** Stephen Oliver (ul/3 Bilder). **Photolibrary:** Jupiterimages / Pixland (mlo). **Science Photo Library:** Sheila Terry (gor). **68 Corbis:** Bettmann (Hauptbild); Dean Conger (bl). **69 Corbis:** Dave G. Houser (ul); image100 (mru/Baumstämme); Johannes Mann (gor); Skyscan (mr). **Getty Images:** Gregg Brown (mru/Deponie); ChinaFotoPress (gol); Laurence Monneret / Photographer's Choice (ur/Giraffe). **iStockphoto.com:** Alija (mro). **70 Corbis:** Daniel Attia (mru); Rob Chatterson (ml). **Getty Images:** Raul Garcia / Flickr (ul); Sylvain Sonnet / Photographer's Choice (mro). **71 Corbis:** Jon Arnold / JAI (mlu). **Getty Images:** Alessandra Benedetti / Bloomberg (mro); Patrick Hertzog / AFP (mu). **Photolibrary:** Adina Tovy / Robert Harding Travel (ur). **72 Corbis:** Bettmann (gol). **72-73 Corbis:** Bohemian Nomad Picturemakers (um/Straßenszene); Holger Spiering / Westend61 (go/Hügellandschaft). **73 Alamy Images:** Andrew Holt (mru). **Lonely Planet Images:** Christopher Groenhout (gor). **74 Alamy Images:** Paul Glendell (mro). **Corbis:** Mike Theiss / Ultimate Chase (Hauptbild); Bernd Vogel (gor). **75 Corbis:** Jorge Ferrari / EPA (u); Radius Images (gol); Phil Schermeister (ul); Richard Schultz (mro). **76 Corbis:** Bertrand Gardel / Hemis (mu/Auto); John Harper (go); Christian Kober / JAI (mlo). **iStockphoto.com:** Alija (ul). **77 Alamy Images:** Penny Tweedie (mu). **Corbis:** Construction Photography (ul); Envision (mr/Einkaufstüte); Rick Gomez (mlo); Michael Hanson (mro/Klasse); Russ Heinl / All Canada Photos (ml/Stadt); Nick Rochowski / View (mo); Tomas Rodriguez (mro/Schwimmer). **Getty Images:** Robin MacDougall (ur). **78 Alamy Images:** David Cunningham (mlo). **Getty Images:** K. Asif / India Today Group (gor); Chad Ehlers (ur); Stephen Schauer (ul). **78-79 Getty Images:** Kim Jae-Myoung / AFP (Straßenverkehr). **79 Alamy Images:** Thomas Kraft / Transtock Inc. (ur). **Getty Images:** Mark Horn / The Image Bank (mro/Cockpit); Image Source (mru); Imagewerks Japan (gom). **80 Corbis:** Destinations (mro/Pyramiden); Kevin R. Morris (mr). **Getty Images:** Marco Cristofori / Robert Harding World Imagery (mro/Stonehenge); Gavin Hellier / Robert Harding World Imagery (mro/Colosseum); Davis McCardle / The Image Bank (ml); David Sanger / The Image Bank (mro/Taj Mahal). **80-81 Photolibrary:** Murat Ayranci / Superstock (u). **81 Alamy Images:** Deborah Thompson (mro). **Corbis:** Scott Andrews / Science Faction (gtl); Bettmann (gol). **Getty Images:** Visions of Our Land / The Image Bank (ml). **Photolibrary:** Brent Winebrenner (mr). **82 Corbis:** Pablo Otin / EPA (mro); Skyscan (ml). **82-83 Getty Images:** Peter Adams (u). **83 Alamy Images:** Cairney Down (mo/Ladenschild). **Getty Images:** Digitaler Lumpensammler / Flickr (gol); Tim Hall (mr). **84 Corbis:** Lester Lefkowitz (gol). **84-85 Alamy Images:** Janine Wiedel Photolibrary (m/Menge). **85 Corbis:** Bryan Reynolds / Science Faction (mro). **Getty Images:** AFP (gol). **88 Alamy Images:** Arctic Images (ur); Norma Jean Gargasz (ul). **Corbis:** Ocean (mr). **Getty Images:** Stefano Oppo (ml); Photo 24 (um); Hein von Horsten (m). **89 Corbis:** Dave Reede / All Canada Photos (Hauptbild). **90 Corbis:** Jane Sweeney / JAI (ugr). **Getty Images:** Diego Giudice / Bloomberg (Ernte). **91 Corbis:** Marnie Burkhart / Fancy (ul/Gasbrenner); Image Source (gtl); George Steinmetz (gtr). **Getty Images:** Per-Anders Pettersson / Reportage (ul/Diamanten); Tim Graham (ur); Rizwan Tabassum / AFP (mro/Börse). **92 Alamy Images:** sciencephotos (mru/Kohle). **Corbis:** Dr. James Richardson / Visuals Unlimited (mru/Stamm). **Getty Images:** Richard Drury / Digital Vision (mr/Ziegel); Paul McCormick (mro/Schafe). **92-93 Getty Images:** Yawar Kabli / Barcroft India (ul/Frau); Yawar Nazir (Arbeiter auf dem Feld). **93 Alamy Images:** Will Stanton (mu/Bücher); Jack Sullivan (mu/Monopolyhäuschen). **Corbis:** Sagel & Kranefeld (m/Münzen). **Getty Images:** Thomas Barwick (mo); Cathy Crawford (ml/Textilien); Spencer Jones / FoodPix (mlu/Haushaltsgegenstände); Siegfried Layda / Photographer's Choice (ur); Balint Porneczi / AFP (gor); Monty Rakusen / Cultura (mlo/Stahlarbeiter); Dieter Spears / iStock Exclusive (mlu/Pumpe). **94 Corbis:** Peter Adams (mlo); Jean-Pierre Amet (mlu); Brooks Kraft (ml). **NASA:** Dr Heinz Linke (r). **95 Corbis:** Andy Aitchison (ur); Guido Cozz / Atlantide Phototravel (mo); James Leynse (mro). **96 Getty Images:** Gregg Brown (Hauptbild). **97 Alamy Images:** Francis Vachon (mro). **FLPA:** Flip Nicklin / Minden Pictures (ul). **Getty Images:** Toledano (mo); Dougal Waters / Digital Vision (mlo). **OceanwideImages.com:** Gary Bell (mlu). **Science Photo Library:** Planetary Visions Ltd (ur). **98 Corbis:** Frank Lukasseck (go). **Getty Images:** Howard Grey (ul); Keiji Iwai (mo/Menschen). **iStockphoto.com:** Andriy Bezuglov (mru); Victor Maffe (mro/ballon). **99 Getty Images:** Max Dannenbaum (mr/Astronaut); Laurence Monneret (ur/Safari); Paul Mansfield Photography / Flickr (mlu); Will Sanders (mo). **iStockphoto.com:** luminis (gtl); narvikk (gor). **100 Corbis:** So Hing-Keung (mlo); Munish Sharma / Reuters (ul); Tetra Images (ur). **Getty Images:** Ira Block / National Geographic (gor). **101 Corbis:** So Hing-Keung (ul). **Getty Images:** Foodcollection (ur); Trupti Patkar / Barcroft Media (gom); Manan Vatsyayana / AFP (gol). **Photolibrary:** Robert Dowey / Real Latino Images (mu). **102 Dorling Kindersley:** National Maritime Museum, London (gor). **103 Alamy Images:** The Art Gallery Collection (gor); Ilene MacDonald (mlo); John Robertson (mro). **Getty Images:** Ghislain & Marie David deLossy (mru/Touristen); Shannon Fagan (gol); Nacivet (mru/Wald). **Science Photo Library:** Pasquale Sorrentino (mr). **104 Alamy Images:** The Art Gallery Collection (mu). **Ancient Art & Architecture Collection:** (gor); Interfoto (ur). **Corbis:** Bettmann (mlu). **De Agostini Editore:** (ul). **105 Ancient Art & Architecture Collection:** (gor). **Corbis:** Bettmann (gtl). **Fredrikson Map Collection, University of Jyvaskyla, Department of History and Ethnology/Eero and Erkki Fredrikson Foundation:** (mru). **Science Photo Library:** Sheila Terry (ul). **106 Corbis:** Yann Arthus-Bertrand (mlu/Arc de Triomphe). **107 Getty Images:** Peter Cade (gor). **108 Flickr.com:** Rituparna Choudhury (ur). **Planetary Visions Limited:** (mro). **109 Dorling Kindersley:** Natural History Museum, London (u/Schmetterlinge). **Getty Images:** Anna Henly (ur); Nacivet (um). **110 NASA:** Goddard Space Flight Center Scientific Visualization Studio (mro/Globusse x). **Wikipedia, The Free Encyclopedia:** NASA Goddard Space Flight Center (ur). **111 © 1979, Stuart McArthur, www.ODTmaps.com:** McArthur's Universal Corrective Map of the World (u). **Planetary Visions Limited:** (go/Karte). **Wikipedia, The Free Encyclopedia:** NASA Goddard Space Flight Center (ul). **112 Science Photo Library:** David Ducros (u); Pasquale Sorrentino (gor). **113 Alamy Images:** John Robertson (gol). **National Geophysical Data Centre:** NGDC / NOAA (ur). **Science Photo Library:** NASA (mr) (mlu). **114 Alamy Images:** Rob Wilkinson (gor). **Getty Images:** Ghislain & Marie David deLossy (ur). **iStockphoto.com:** Richard Simpkins (ml). **115 Alamy Images:** Alex Segre (ur). **Getty Images:** AFP (ul). **iStockphoto.com:** Jan Rysavy (gor). **117 Science Photo Library:** Planetobserver (um); © 1995, Worldsat International & J. Knighton (ur/zerlappte Projektion der Welt). **118 Corbis:** James Marshall (ur). **Getty Images:** altrendo images (gor); Paul Chesley (mlo); Medioimages / Photodisc (ul). **119 Corbis:** Stefano Amantini / Atlantide Phototravel (mro); Frans Lanting (gor). **Getty Images:** Bavaria (ur); Frans Lemmens / Photographer's Choice (ul); Robin Smith (mlo). **120 Corbis:** Amyn Nasser (ul). **122-123 Getty Images:** Nat Photos (u). **124-125 Alamy Images:** Richard Green / Commercial (u).

Alle anderen Abbildungen © Dorling Kindersley
Weitere Informationen unter www.dkimages.com

Dank

Dorling Kindersley dankt ferner Peter Bull und Simon Mumford für die Gestaltung, Rachael Grady, Poppy Joslin, Pamela Shiels und Sadie Thomas für die Assistenz bei der Gestaltung, Myriam Mégharbi für ihre Hilfe bei der Bildrecherchere sowie Holly Beaumont, Deborah Lock, Lorrie Mack und Fleur Star für die Redaktionsassistenz.